KB076581

그림의 힘 II

최고의
나를 만드는
62장의
그림 습관

그림의 힘 II

THE POWER OF MASTERPIECE II

김선현 지음

세계사

독자 여러분께 알려드립니다

— 본 책의 제목인 '그림의 힘'을 충분히 느낄 수 있도록 앙리 루소의 명화를 표지로 사용했습니다. 책장을 덮은 채 가까이만 두어도 마음의 안정과 함께 에너지를 얻을 수 있습니다.

— 그림을 순서대로 감상하지 않아도 좋습니다. 훑어보다가 마음에 가장 와 닿는 그림을 잠시 동안 감상해 보십시오. 어떤 그림을 고르느냐에 따라서 나의 현재 심리상태를 알 수 있습니다.

— 휴대전화보다 종이책으로 감상하기를 권합니다. 실제 그림에 가까울수록 명화 감상이 주는 효과는 커집니다. 작은 화면에 이미지적 심상만 제공하는 휴대전화와 달리, 종이책은 손에 잡히는 물질로서의 접촉성을 동시에 제공합니다.

— 화가명은 외래어 표기법을 원칙으로 했으나 일부는 통칭에 따랐고, 그림의 원작명은 영어로 통일했습니다.

— 미술, 음악, 연극, 영화 등의 작품명은 〈 〉, 신문(일간, 월간 등)은 《 》, 장편소설을 포함한 단행본은 『 』로 표기했습니다.

— 각 그림에는 '화가명 | 제작 연도 | 제작 방법 | 실물 크기(세로×가로cm) | 소장처'를 기재했습니다. 단, 실물 크기가 정확히 알려져 있지 않은 그림의 정보는 기재하지 못했습니다. 아시는 분은 출판사로 연락주시면 감사하겠습니다.

— 이 책은 유화컴퍼니의 프린트디렉션(데이터 및 인쇄관리) 과정을 거쳐 리뉴얼된 이미지 데이터를 사용했습니다.

다시 그림의 힘을 믿습니다.

성공하는 사람에게는 어떤 비밀이 있을까요? 성공의 정의에는 여러 가지가 있습니다. 시험에 합격하는 것, 원하는 것을 이루는 것, 무언가에 책임을 질 수 있는 것, 돈을 많이 버는 것 등이 있을 수 있겠습니다. 또는 먹고 싶은 음식 정도는 돈 걱정 없이 먹을 수 있는 것, 혹은 원할 때 원하는 곳으로 여행 갈 수 있는 것이라고 말하는 사람도 있을 것입니다.

제가 내리는 성공의 정의는 사실 중요하지 않습니다. 중요한 것은 어떤 성공이든 갑자기 눈앞에 떨어지지는 않는다는 사실입니다. 노력, 충실함, 성실함, 휴식, 즐거움, 기쁨 등이 계속 쌓여서 나오는 결과가 성공이 겠죠.

그림은 매일의 일과를 조금 더 충실하게, 더 좋게 만들어 줍니다.

저는 20여 년간 미술치료 현장에서, 인생의 시험을 앞둔 사람들의 불안과 초조를 접해왔습니다. 이들에게 심리적 안정을 되찾아주고, 지쳤던 뇌를 자극하고, 자신감을 불어넣는 등 그림이 만든 긍정적인 변화를 목격했습니다. 그중에서도 매일의 일상을 조금 더 낫게, 최고의 상태로 만들어 줄 수 있는 그림 62점을 엄선했습니다. 이 그림들은 효과적인 매일을 보낼 수 있도록 여러분을 지지해줄 것입니다. 다시 그림의 힘을 믿습니다.

이 책은 1편보다도 더 오래전부터 심혈을 기울여 준비했습니다. 사실 인생의 모든 순간이 우리에겐 과정이기 때문입니다. 성공을 말하는 책들을 보면 특별한 습관, 사고방식의 변화 등을 이야기하지, 정작 최고의 매일을 보내도록 자기 관리를 돕는 책은 찾기가 힘듭니다.
조선 시대 최고의 천재 율곡 이이도 자신의 몸을 갈고 닦는 수기修己를 가장 먼저 공부의 근본으로 삼았다고 합니다. 잘 쉬고, 잘 먹고, 잘 자고, 집중하지 않고 어떻게 최고의 결과를, 성공을 얻을 수 있을까요? 내 안의 토양이 튼실할수록 좋은 결실이 맺힐 것입니다. 이 책이 독자 여러분의 토양에 물을 주고 흙을 다지는 역할을 해주기를 고대합니다.

여러분이 마음에서 우러나는 행복함으로 웃을 수 있는 그 날을 응원하는 마음으로, 이제 두 번째 그림의 힘을 여러분께 보내드립니다.

김선현 올림

Contents

위대한 성과는
작은 결과들이 이어질 때 완성된다.
Great things are done by
a series of smal things brought together.

빈센트 반 고흐 Vincent van Gogh

하루하루의 목표를
달성한다는 것

귀스타브 쿠르베 Jean Desire Gustave Courbet
팔라바의 바닷가 The Beach at Palavas

미국의 한 심리학 강의에서 있었던 일이라고 합니다.

강의실에 들어온 심리학자가 물컵을 들었습니다. 학생들은 '컵에 물이 반밖에 없네. 또는 반이나 차있네.' 하며 교훈이나 얘기하겠지 싶어 시큰둥했습니다. 하지만 심리학자는 전혀 뜻밖의 질문을 던졌습니다.

"이 물컵의 무게는 얼마나 될까요?"

학생들은 250~500g 사이라고 대답했지만 그는 이렇게 말을 합니다.

"나에게는 물컵을 얼마나 오랫동안 들고 있느냐에 따라 다릅니다. 만약 1분 동안 들고 있다면 거뜬하겠지만, 1시간 동안 든다면 팔이 저리고 아플 겁니다. 만약 하루 종일 든다면 팔의 감각이 없어지고 마비되겠죠. 하지만 물의 실제 무게는 전혀 변하지 않았습니다.

우리가 살아가면서 느끼는 스트레스와 걱정도
물컵의 물과 같습니다.

잠시 생각하는 건 별 문제가 되지 않지만, 스트레스에 대해 생각하면
할수록 더 문제가 되고 골칫거리가 됩니다. 만약 하루 종일 생각한다면
아무것도 할 수 없는 상태가 되겠지요."

걱정도 마찬가지입니다. 결과에 대한 부담감과 미래에 대한 걱정은 오
래 생각할수록 나를 무겁게 짓누를 뿐입니다. 그러니 이를 홀가분하게
내려놓고 하루하루에 집중할 수 있도록 이 그림이 도울 것입니다.

그림 속의 사람은 후련한 모습으로 안녕을 고하는 중입니다. 뒷모습이
니 우리는 인물의 시선이 보는 것을 보고, 느끼는 것을 느끼죠. 눈 앞에
펼쳐진 것은 속이 시원하게, 거칠 것 없이 탁 트인 세계입니다. 구름조
차 거의 끼지 않은 하늘, 잔잔한 파도, 안정적인 수평선의 바다가 평온
한 마음을 대변합니다. 그림 속 사람이 서 있는 곳을 보세요. 누군가는
야트막하다고 할 바위지만 그는 자기 나름의 정상으로 여기고 만족하
고 있습니다.

'내 할 몫은 다 했다'

귀스타브 쿠르베 | 1854 | 캔버스에 유채 | 36×46cm | 파브르 미술관

우리에게도 이런 자세가 필요합니다.

'이 힘든 게 언제 끝날까'
'지금의 나는 아무것도 아닌 것 같아'라는 생각은
나를 더 나아가지 못하게 만들기도 합니다.
하지만 성공하는 사람들은 하루하루 '매듭'을
지어가면서 목표에 다가갑니다.

매일 해야 할 일을 마치고 작은 목표들을 달성하면 적어도 오늘 하루의
나는 성공한 사람입니다. 도저히 끝날 것 같지 않은 일의 무게에 짓눌
릴 때는 그래도 하루 동안 최선을 다한 자신에게 이 그림을 선물해보세
요. 물컵을 너무 오래 들고 있지 말라고, 지나간 오늘에는 후련하게 안
녕을 고해도 된다고. 이 그림이 전하는 분위기에 몸과 마음이 한결 가
벼워질 것입니다.

Your task is not to foresee the future,
but to enable it.

미래에 관한 한 그대의 할 일은
예견하는 것이 아니라 그것을 가능케 하는 것이다.

–생텍쥐페리

보기만 해도
머리가 좋아지는 그림

피에트 몬드리안 Piet Mondriaan
타블로 No.IV; 적색, 회색, 청색, 황색, 흑색이 있는 마름모꼴 콤퍼지션
Tableau No. IV; Lozenge Composition with Red, Gray, Blue, Yellow, and Black

이 그림은 신기하게도 머리를 좋게 하는 그림입니다.

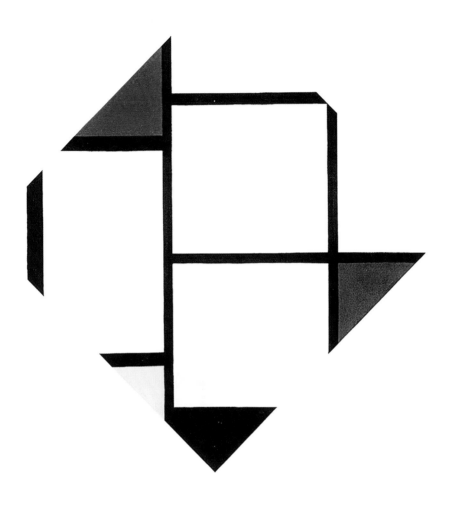

피에트 몬드리안 | 1924~25 | 캔버스에 유채 | 142.8×142.3cm | 미국 국립 예술관

몇 년 전 한 TV 프로그램에서 '보기만 해도 머리가 좋아지는 그림'을 소개한 적이 있습니다. 제작진이 뇌파 검사를 실시했는데, 몬드리안의 그림을 본 사람들의 두뇌 활동이 크게 활발해졌습니다. 뇌파 전문가들은 몬드리안 추상화의 단순하고 강렬한 구성이 뇌를 통합적으로 사용하게 만들어 사고력을 끌어올린 것이라고 분석했습니다.

추가 실험에서는 오방색(적, 백, 청, 황, 흑)을 활용한 그림이 심신의 변화를 유도하고 집중력을 높인다는 결과가 나왔습니다. 이 다섯 가지 색이 우리 몸의 각 기관과 연결된다고 보는 한의학의 음양오행과도 연관된 결과였죠. 이에 따르면 몬드리안의 〈타블로 No.Ⅳ; 적색, 회색, 청색, 황색, 흑색이 있는 마름모꼴 콤퍼지션〉은 머리를 좋게 하는 요소를 모두 포함하고 있습니다.

몬드리안은 어떻게 이런 그림을 그렸을까요?

영국 리버풀 대학교 연구팀은 과학 전문지『사이언스데일리』에 몬드리안의 그림이 뇌 기능 극대화에 도움이 되는 이유를 발표했습니다. 인간의 시각 시스템은 생존에 필요한 정보만 선택적으로 취하도록 진화했는데, 여기에 해당하는 시각 정보는 주로 인간의 몸, 특별한 경치, 수평선과 수직선 등이라고 합니다. 그런데 몬드리안은 본능적으로 이를 알고 있었습니다. 사람들이 심미적으로 좋아할 만한 형태와 색깔을 빠르고 쉽게 판단할 수 있었다는 거죠. 이를 활용해 색과 배치를 모니터링하며 캔버스에 배열한 결과가 몬드리안의 추상화입니다. 그래서 그의 작품을 보면 시각 시스템과 관련된 뇌 신경 기능이 활성화되고, 뇌 자극이 매우 활발해지는 결과가 나오는 것입니다.

머리에 좋다는 음식이나 스트레칭은 다들 한 번쯤 시도해 보셨을 겁니다. 머리에 좋은 그림은 조금 새롭지요? 단시간에 집중이 필요한 분들은 필요할 때 이 그림을 꺼내 활용해보세요. 부작용 걱정이나 시간적 부담 없이, 그림의 힘이 뇌에 좋은 영향을 줄 겁니다.

성공하는 사람들이
이 그림에 끌리는 이유

앙리 마티스 Henri-Emile-Benoit Matisse
춤 Dance

성공한 사람들이 좋아하는 그림이 따로 있다는 걸 아시나요?

일본에 강의를 갔을 때, 참석한 분들에게 여러 그림을 보여주고 마음에 드는 그림에 손을 들어보게 했습니다. 그런데 일본 기업의 CEO들이 일제히 한 그림에 손을 들어 깜짝 놀랐습니다. 그 그림이 바로 마티스의 〈춤〉입니다.

이유가 뭘까요?

그림의 색깔이 참 강렬합니다.

빨강, 파랑, 초록. 빛의 삼원색이 다른 부속물 없이 단순하게 칠해져 강한 대비를 이루고, 시각적으로 강렬하고 화려한 느낌을 줍니다. 하지만 중요한 것은 그림 속 사람들이 이 강렬한 배경의 영향을 거의 받지 않고 있다는 사실입니다. 단단한 배와 불거진 근육, 역동적인 움직임에서 배경에 지지 않는 힘이 느껴집니다. 옷을 입지 않았기 때문에 더 잘 느껴지지요.

처음에 손을 잡고 머뭇머뭇 어색해했을 사람들도 천천히, 그리고 점점 빠르게 돌며 몰입하게 됐을 겁니다. 이 춤의 흐름은 끊기지 않고 계속될 것만 같은, 실패할 것 같지 않은 안정감을 줍니다. 동시에 한 명 한 명의 개성도 모두 살아있습니다.

전편에서 소개했던 마티스의 또 다른 그림 〈붉은 조화〉도 이러한 특징이 있습니다. 강렬한 붉은 배경에 삼켜지지 않고 한 여인이 묵묵히 즐겁게 자기 할 일을 하는 모습에서 감정의 해소를 얻을 수 있죠. 〈붉은 조화〉 역시 상담 시 성공한 이들이 유독 많이 고르는 그림입니다.

환경에 흔들리지 않는 것, 성공하는 사람들이 이 그림에 끌리는 이유이자, 그들이 성공한 이유라는 것을 알 수 있습니다.

앙리 마티스 | 1910 | 캔버스에 유채 | 260×391cm | 에르미타주 미술관

사실 이 그림을 그린 마티스 본인이 바로 그런 사람입니다.

지금은 현대 미술의 이정표로 자리매김한 명작이지만, 〈춤〉이 발표되었을 당시 미술계는 사실성을 무시했다며 이 작품을 인정하지 않았습니다. 프랑스의 비평가 카미유 모클레르Camille Mauclair는 "대중의 얼굴에 페인트 통이 내동댕이쳐졌다"며 격한 비난을 할 정도였죠. 하지만 현재 마티스는 존재하지 않았던 예술의 영역을 창조해낸 현대 미술의 마지막 거장으로 예우받고 있습니다.

마티스는
'창조란 곧 용기다.Creativity takes courage' 란 믿음으로
남들과는 다르더라도 자신이 그리고 싶은 것을,
자신이 표현하고 싶은 방식으로 그려 나갔습니다.

성공을 원하는 모두에게는 주변을 신경 쓰지 않는 과감함이 필요한 순간이 반드시 있습니다. 이 그림이 시끄러운 주위 환경, 또는 내 안의 두려움과 불안을 차단하고, 지금 해야 할 것에 몰두하는 힘을 전해주길 바랍니다.

긍정 에너지를 채우려면

팔 시네이 메르세 Pal Szinyei Merse
양귀비가 있는 목초지 Meadow with Poppies

얼마 전 아주 재미있는 기사를 보았습니다. 명문대학교의 '과잠(과 잠바의 줄임말)', 그것도 중고 '과잠'이 수험생들에게 인기라는 내용이었습니다. '명문대 선배의 기를 받기 위해서'라는데 웃음이 나면서도 한편으로 마음이 짠합니다.

중요한 일을 앞둔 사람들은 '기' 혹은 '좋은 기운'을 무조건 곁에 두고 싶어 비싼 부적을 사거나 기운이 좋은 물건을 사기도 합니다. 그것도 좋지만 지금부터는 주위에 중요한 일을 앞둔 분에게 이 그림을 보여주세요. 검증되지 않은 막연한 효과 대신, 임상으로 증명된 긍정적 에너지를 줄 겁니다.

팔 시네이 메르세 | 1896 | 캔버스에 유채 | 39.5×62.2cm | 헝가리안 내셔널 갤러리

큰 운이나 복이 들어올 때 '호박이 넝쿨째 굴러들어온다'는 표현을 자주 쓰죠. 호박 대신 양귀비가 흐드러지게 굴러들어오는 이 그림이 좋은 기운을 주는 비밀은 '구도'에 있습니다.

작가는 관객 시야에서 볼 때 호선 구도로 꽃을 배치했습니다. (호선 구도는 활처럼 둥글게 휘었다는 뜻입니다. 멀리 구부러지는 도로, 해안선을 표현할 때 주로 사용합니다.) 이 그림 앞에 서 있는 우리 모습을 생각해볼까요?

빨간 양귀비꽃들이 저 멀리서부터 오른쪽으로 휘어지며 내게 다가오는 느낌입니다. 줄지어 달려드는 강렬한 빨강이 주는 에너지에 흠뻑 취할 것 같지요.

꽃 그림이 기분을 좋아지게 하는 것은 사실이지만, 사실 유명 화가들이 꽃을 그린 작품은 이 그림 외에도 수도 없이 많습니다. 게다가 이 작품의 녹색 평원과 빨간 꽃은 아주 신선한 소재는 아닙니다. 그럼에도 이 그림을 좋은 에너지를 샘솟게 하는 그림으로 꼽은 이유는 바로 호선 구도 때문입니다. 마치 행진을 하는 듯한 생동감과 원근감으로 꽃들이 살아 움직이는 것처럼 보이니까요. 이렇게 생생한 에너지를 받는데 어떻게 기분이 안 좋아질 수 있을까요.

이런 그림은 수시로 보면서 그때그때 필요한 밝은 에너지를 받으면 좋습니다. 꼭 기분이 축 처졌을 때만 보지 말고, 기분이 좋아도 또 보세요. 좋은 기분이 더 좋아질 것입니다.

Energy
is
eternal delight.

에너지는 영원한 기쁨이다.

−윌리엄 블레이크

스트레스가 사라지다

아우구스토 발레리니 Augusto Ballerini
이구아수 폭포 Iguazu Falls

중요한 일을 앞두고는, 당사자는 물론이고 가까운 주변인도 함께 스트레스를 받곤 합니다. 이번에 소개할 그림은 주위 사람들의 스트레스까지 함께 풀어줄 장대한 작품입니다. 사소한 일로 서로 예민해진 상태라면 함께 이 그림을 감상해보는 것을 추천합니다.

아우구스토 발레리니 | 1892 | 캔버스에 유채 | 34.5×102cm | 부에노스아이레스 국립미술관

굉음과 함께 엄청난 양의 물이 쏟아지는 속도감이 폭포의 매력이지요. 스트레스를 많이 받는 사람들은 대체적으로 폭포 그림을 좋아합니다. 그림을 통해 쏟아내고 버리는 심상을 느끼면 속이 후련해지니까요.

평소 스트레스와 피로감이 많은 분들에게 폭포 그림을 많이 보여주는데, 이번 책에서는 독자 여러분을 위해 규모가 월등히 큰 폭포 그림을 새롭게 소개합니다. 사방팔방에서 쏟아지는 물처럼 피곤함과 스트레스를 모두 떨쳐 내보시기 바랍니다. 스트레스, 피로감 모두 이 폭포수처럼 쏟아버리세요. 아주 시원하고 홀가분한 느낌을 받을 것입니다.

이 그림의 제목은 〈이구아수 폭포〉입니다.
아르헨티나와 브라질의 국경에 걸친 이 거대한 폭포는 죽기 전에 꼭 가봐야 하는 장소로 꼽힐 정도로 어마어마한 장관을 연출합니다. 미국의 32대 대통령이었던 프랭클린 루스벨트Franklin Roosevelt 부부가 이구아수 폭포를 찾았을 때, 루스벨트 여사가 "불쌍한 나이아가라" 하고 탄식을 내뱉을 정도였다고 합니다.

스트레스를 안 받는 사람이 있을까요? 스트레스를 최대한 덜 받도록 노력하고 가라앉히는 것도 좋지만, 때로는 마음껏 분출하는 것도 효과적입니다. 슬플 때 눈물을 쏟아내는 것, 항아리에 대고 마구 소리를 질러보는 것, 샌드백을 마구 때리는 것 모두 비슷한 이치입니다.

다독이고 위로받는 힐링이 답답하고 지겹다면, 그러나 속 시원하게 분출하거나 발산할 용기는 차마 못 내고 있다면, 이렇게 폭포 그림을 감상하는 것으로도 해소가 될 것입니다.

폭포의 물보라는 실제로 음이온을 내뿜습니다. 공기 중의 마이너스 원자를 뜻하는 음이온은 노화방지, 면역력 증가, 스트레스 완화 등에 효과가 있다는 논문도 있지요. 물론 실제 폭포를 보는 것이 가장 좋겠지만 그림으로나마 그 시원한 풍경을 느낀다면 음이온 못지 않게 스트레스에 효과가 있을 것입니다.

승부의 날,
내 모든 실력을 발휘하라

이중섭
황소

운동선수는 피나는 노력과 연습을 해도 실전에서 등수에 들지 못하면 '실력 없는 선수'가 되고 맙니다. 시험이나 면접이라면 "연습 때는 잘 했는데 실전에서는 실수했다"고 하는 사람이 좋은 결과를 얻기는 힘들 겠죠.

중요한 실전에서 실력 발휘를 하느냐 못 하느냐에 따라 결과가 결정되고 준비 과정이 평가되는 것이 냉혹한 현실입니다. 비슷한 능력일 경우, 당일 컨디션이 당락을 가르는 것은 두말할 필요 없습니다. 그래서 저는 시험이나 면접을 앞둔 이들에게 이중섭의 〈황소〉를 보고 가라고 권하곤 합니다. 이 그림이 가진 모든 것을 발휘하게끔 도와주었으면 하는 바람에서입니다.

이중섭 | 1953년경 | 캔버스에 유채 | 32.3×49.5cm | 이중섭 기념관

황소는 무게감과 에너지가 넘치는 힘의 상징입니다.
동시에 일상 속 친근한 동물이라 무섭거나 압도되지는 않습니다.
색깔이 주는 힘도 강렬합니다.

인간의 뇌는 시각 정보를 처리할 때 과거 경험이나 기억을 동원하는데,
빨간색은 불과 태양을 연상시킵니다. 그야말로 에너지 덩어리들, 에너
지의 근원이지요. 그래서인지 각종 연구에서는 빨간색을 종종 '승리'
와 연결하곤 합니다. 비슷한 실력일 때는 빨간 유니폼을 입은 팀의 승
률이 높다거나, 관계에서의 우위를 점할 확률이 높다는 연구 결과도 있
습니다. 월드컵 때 태극전사들의 선전 이유로 붉은 악마가 입은 빨간색
의 자극적 특성이 열정과 감각을 깨우고, 힘, 환희, 흥분을 불러일으켰
다는 분석도 빠지지 않죠.
노란색은 성취를 상징하는 곡물의 색으로 희망과 긍정의 심상을 줍니
다. 그림에는 소의 근육, 힘줄로 두껍게 노란색을 사용했고, 가로에 비
해 긴장감을 고조시키는 세로 구도여서 낙천적인 가운데에도 강함이
느껴집니다.

붉은 황소를 담은 그림의 힘으로 에너지를 얻어 보는 것은 어떨까요?

기적의 '아몬드 나무'를
선물하세요

빈센트 반 고흐 Vincent van Gogh
꽃 피는 아몬드 나무 Almond Blossoms

여러분은 이토록 아름답게 피어난 아몬드 꽃을 보신 적이 있나요? 고흐가 '자신의 절정'이라고 말한 이 그림은 꽃보다 더 아름다운 사연을 간직하고 있습니다.

1890년, 생 레미의 정신병원에 입원해 있던 고흐에게 동생 테오의 기쁜 편지가 도착했습니다. 테오 자신처럼 푸른 눈을 가진 아들이 태어났으며, 이 아이가 언제나 형처럼 용기 있는 사람으로 살았으면 하는 마음에 '빈센트'라고 이름 지었다는 내용이었습니다.

테오는 고흐의 평생에 걸친 단 한 사람의 후원자로 알려져 있죠. 고흐가 화가로서 인정받지 못했을 때나 정신병원에 있을 때도 한결같은 사랑과 응원을 보냈다고 합니다. 고흐는 너무나 사랑하는 동생의 편지를 받고 감격해 어머니에게도 편지를 보냈습니다.

"사랑하는 어머니, 전 사실 조카가 테오의 이름을 따르기를 무척 바랐습니다. 하지만 이미 제 이름을 땄다고 하니 그 아이의 침실에 걸어둘 수 있도록 가능한 빨리 그림을 그릴 거예요. 푸른 하늘을 배경으로 하얀 꽃이 만발한 커다란 아몬드 나무를요⋯⋯."

그 작품이 바로 이 그림, 〈꽃 피는 아몬드 나무〉입니다.

빈센트 반 고흐 | 1890 | 캔버스에 유채 | 73.3×92.4cm | 반 고흐 미술관

아몬드는 봄이 오기 전 추운 겨울에 꽃을 피우는 나무로, 생명력과 희망을 뿜어냅니다. 이런 아몬드 나무가 중심에 단단하게 자리한 가운데, 고흐는 밑동을 버리고 가지에 핀 꽃에 집중했습니다. '어려운 상황에서도 희망을 잃지 말고 살렴. 네 인생에 이렇게 꽃과 열매가 맺히기를 바란다.'라는 삼촌의 사랑과 바람이 담겨 있습니다. 조카의 눈빛과 같은 파란색으로 그린 배경은, 파란색이지만 춥지 않고 포근합니다.

이 그림은 고흐가 혼신을 다해 선물한 기적입니다.
스스로 정신병원에 들어갔을 정도로 가장 심적으로 힘든 때,
자신의 그 어떤 작품보다도 안정적인 행복감으로
충만한 작품을 탄생시켰으니까요.

이 그림은 혼자 봐도 좋지만 가족, 친구, 연인에게도 좋은 선물입니다. 말로 힘내라고 하는 대신, 상대방을 소중히 여기고 행운이 가득하길 바라는 마음이 담긴 이 그림이 잔잔하게 힘든 마음을 위로하며 사랑을 전해줄 것입니다.

집중력을 높이는
틀린 그림 찾기

오거스터스 레오폴드 에그 Augustus Leopold Egg
여행 친구 The Travelling Companions

유난히 정신 집중이 안 될 때가 있습니다. 저는 산만함 문제로 찾아온 상담자들의 집중력을 높일 때 틀린 그림 찾기를 자주 활용합니다. 환자들이 재활할 때는 다른 점을 찾는 데 몇 초나 걸리는지로 집중력 상태를 체크하기도 합니다. 산만한 아이들도 비슷한 그림을 비교하고 다른 점을 찾다 보면 자연스레 그림에 오랜 시간을 들여 집중하게 됩니다.

거울같이 마주 보고 앉은 두 사람을 비교해보세요.
어떤 점이 다를까요?

44

오거스터스 레오폴드 에그 | 1862 | 캔버스에 유채 | 65.3×78.7cm | 버밍엄 박물관 및 미술관

이 그림은 매우 특이하고 묘합니다. 하나의 그림 안에 대칭되는 요소들이 많은데, 옷을 똑같이 갖춰 입은 두 여성을 마주 보게 배치해 자연스럽게 양쪽을 비교하도록 유도합니다.

여러분은 다른 점들을 발견했나요?

가장 먼저, 왼쪽 여인은 자고 있고, 오른쪽 여인은 책을 읽고 있습니다. 왼쪽 여인은 맨손이고, 오른쪽 여인은 꼭 맞는 장갑을 끼었습니다. 왼쪽 여인은 모자를 조금 비껴서, 오른쪽 여인은 중앙에 오게 벗어두었습니다. 왼쪽 여인 옆에는 과일이, 오른쪽 여인 옆에는 꽃이 있습니다. 또 왼쪽 여인은 앞섶이 끌러져 있고, 오른쪽 여인은 단정하게 여며져 있네요.

더 있을까요?

두 사람의 성격도 다를 것 같습니다. 오른쪽 여인이 지적이고 책임감이 있다면, 왼쪽 여인은 더 자유분방할 듯합니다. 좀 더 추측하자면 맏이와 동생으로도 보입니다.

저에게 상담 온 한 학생이 해준 이야기입니다. 고등고시를 준비 중인 친구였는데 어느 수업에서 첫째인 사람 손들라고 했더니 놀랍게도 4분의 3 이상이 손을 들었다고 합니다. 물론 본인도 포함해서요. 이 작은 설문이 전체를 말할 순 없겠지만 주로 첫째가 시험 같은 진득한 끈기와 책임감이 필요한 일을 한다는 말도 일리가 있습니다.

'개인심리학' 학파를 세운 오스트리아의 정신분석학자 알프레드 아들러Alfred Adler의 '출생 순서'라는 유명한 개념이 있습니다. 형제들 중 몇 번째로 태어났는지에 따라 삶의 태도나 행동 패턴이 달라진다는 내용입니다. 이에 따르면 동생이 태어나면 맏이는 '권위 있는 지위'를 빼앗겼다는 정신적 충격을 겪는데, 이를 극복하기 위해 부모를 모방하려 노력하고 질서를 강조하며 대리 부모로서 권위를 지키려고 합니다. 반면 동생은 끊임없이 첫째를 따라잡으려고 노력하면서 간혹 모험도 서슴지 않습니다.

저는 오른쪽 여인의 권위와 형식을 중시하는 점잖은 태도, 왼쪽 여인의 분방하고 솔직한 태도에서 두 사람이 자매일 경우 출생 순서를 짐작해보았습니다.

아서 코난 도일Arthur Conan Doyle이 창조한 명탐정 셜록 홈즈는 떨어진 단추 하나에서 그 사람의 직업과 과거를 모두 추리해내 주변을 놀라게 합니다. 그의 추리력은 평소와 다른 점, 남들과 다른 아주 사소한 점을 포착하는 집중적 관찰에서 비롯합니다.

이 그림은 우리가 뜯어보고 관찰하는 재미를 주는 그림입니다. 구체적인 세부사항에 집중해 다른 점들을 비교하다 보면 그림 한 장에서도 참 많은 상상력을 발휘해볼 수 있습니다.

다른 점을 발견하셨나요?
거기엔 어떤 이야기가 숨어 있을까요?
그림을 보는 사이 집중력은 저절로 높아져 있을 것입니다.

순발력 있는 대처,
집중력과 상상력 발휘하기

아서 해커 Arthur Hacker
위험에 빠지다 In Jeopardy

큰일입니다. 숙녀의 소중한 양산이 떨어졌어요.

빨리 행동을 취하지 않으면 이대로 흘러가버릴 것입니다.

어떻게 해야 할까요?

아서 해커 | 1902 | 캔버스에 유채 | 개인소장

여러분이라면 이런 질문에 어떤 대답을 할까요?

– 스파이더맨과 배트맨이 싸우면 누가 이길까?
– 앞이 보이지 않는 사람에게 '노란색'을 설명한다면?
– 100달러를 만들어내는 기계가 있다면 오늘 그 돈을 어디에 쓸 예정인가?

언뜻 장난스럽게 보이지만 실제 외국 기업의 면접에서 나온 질문입니다. 우리나라 기업들도 종종 '서울에 쥐가 몇 마리 있는가' '에베레스트를 한국으로 옮기려면 어떻게 해야 하나' 등 황당하고 기발한 질문을 던집니다.

사실 이런 질문들은 모범답안을 원하기보다는, 순발력 있게 나름의 논리를 만들어 답변을 하는 능력을 측정하기 위한 것입니다. 응시자를 다양한 상황에 노출시키는 이색 면접도 돌발 상황에 대처하는 모습으로 응시자의 역량을 더 잘 파악할 수 있기 때문입니다. 하지만 주로 정답이 있는 문제에 익숙한 우리들에겐 이런 질문이 당황스럽고 어려울 수밖에 없을 것 같습니다.

순발력 있는 대처가 필요한 순간을 위해 이 그림으로 훈련해보세요.

유속이 느껴지는 강가의 상황은 빠른 시간 내에 그림의 요소들을 파악하게 합니다. 물에 빠진 양산은 일본풍으로 당시 귀한 물건이었을 것입니다. 여성이 어쩔 줄 모르고 애타게 고개를 빼고 있는 모습만 봐도 그렇습니다. 연약해 보이는 모습이지만 이 여인은 치맛자락을 탁 잡았습니다. 여차하면 뛸 자세가 되어있다는 뜻입니다. 사실 가장 빠른 방법은 양산과 가장 가까운 본인이 들어가 건져오는 것일 수도 있지요.

물에 흠뻑 젖거나 너무 위험해 보이니 뒤편의 남성에게 도움을 요청할 수도 있습니다. 아니면 주위의 물건을 활용해볼 수도 있겠습니다.

이 그림은 묘사된 상황 뿐 아니라 색으로도 집중력을 높입니다. 유채색 중에서도 명도와 채도가 가장 높은 '노란색'은 대뇌를 자극하여 집중력과 상상력 발휘에 관여하는, '지적인 색' 으로 알려져 있습니다.

실제 노란색을 좋아하는 사람들은 주의력과 집중력이 좋고, 새로운 아이디어를 빠르게 떠올리는 경향이 짙습니다. 그래서 언론인이나 매스미디어 관계자처럼 타인과 의사소통이 잦은 직업인에게 잘 맞는 색이라고 하지요.

돌발 상황에 대한 순발력이 떨어져서 고민이라면 노란색이 풍부한 이 그림을 많이 보는 것도 좋습니다.

급 피로가 몰려올 때

팔 시네이 메르세 Pal Szinyei Merse
기구 Balloon

보통 피곤할 때 단 게 땅긴다고 하죠? 초콜릿, 과자, 사탕 같은 단 음식 속의 포도당이 실제로 혈액에 흡수되어 피곤에 지친 근육과 세포에 에너지를 공급하므로 근거가 있는 말입니다.

이제부터는 일시적인 군것질 대신, 이 그림을 감상하며 피곤을 풀어보세요. 달콤한 설탕처럼 피곤함을 날려버릴 힘이 있는 그림입니다.

파울 시네이 메르세 | 1878 | 캔버스에 유채 | 42×39.3cm | 헝가리안 내셔널 갤러리

우선 기구를 잘 보세요.
커다란 눈깔사탕 같지 않나요?

보통 기구는 거꾸로 된 물방울 모양이 많은데, 이 그림의 기구는 아주 동그랗습니다. 반지르르한 윤기에 흰색과 빨강 줄무늬까지! 그야말로 입안 가득 달콤함을 선사하는 눈깔사탕 그 자체입니다. 보는 것만으로 입에 침이 고이는 분도 있을 것 같습니다.

하늘 위로 높이 솟아오른 기구의 상승효과도 피로감을 힘껏 날려줍니다. 피로와 스트레스 따위는 땅으로 내던지고 높은 하늘로 떠오르는 것입니다. 기구를 자세히 보면 사람이 보이는데, 마치 땅에 있는 사람들에게 "잘 있어, 나는 위로 간다!"고 인사를 하는 것 같습니다.

복잡한 스토리 없이 단순한 하나의 장면으로
여러 가지 감각을 경험하게 하는 좋은 그림입니다.
단 한 장의 그림이지만 이 안에서 우리는
침이 고이는 사탕의 달콤함, 하늘로 둥실 떠오르는 상승감,
저 아래 복잡한 땅을 벗어났다는
해방감을 모두 느낄 수 있습니다.

어떤가요, 피로감이 멀리 날아갈 만하죠?

Have a good 잠!

찰스 커런 Charles Courtney Curran
랜턴 The Lanterns

잠은 잘 자고 있으신가요?

잠을 자는 동안 뇌에서는 기억을 관장하는 해마가 활발히 일하며 입력
된 정보 중 남길 것은 남기고 버릴 건 버리며 정보를 정리 정돈합니다.
잠은 결코 아까운 시간이 아닌 거죠. 그래서 숙면을 취하지 못하는 경우,
충분히 자는 학생에 비해 성적이 부진하다는 연구 결과도 있습니다.

수면을 위해서는 두 가지를 반드시 꺼야 합니다.

먼저, 스마트폰입니다.
잠들기 전 스마트폰은 숙면과 최악의 궁합입니다. 스마트폰의 인공조명은 멜라토닌melatonin의 생성을 억제합니다. 멜라토닌은 생체리듬에 개입해 숙면을 유도하는 호르몬인데, 어두울 때 왕성하게 분비되기 때문입니다. 또 눈 건강에도 안 좋습니다. 태생학적으로 눈은 뇌와 직접 연결된 기관으로 피로감을 쉽게 느끼는데, 스마트폰을 잠들기 직전까지 하면 눈에 과도한 긴장을 초래합니다.

스마트폰을 껐다면 또 한 가지 꺼야할 것, 바로 생각입니다.
불면에 시달리는 분들은 이런저런 생각으로 뒤척입니다. 고민이 많고, 걱정에 잠이 안 오고, 해야 할 일에 대한 생각을 끊지 못합니다. 심지어 '자야 한다'는 강박적인 생각에 더 잠을 잘 수 없다는 사람도 있습니다.

그럴 때는 찰스 커런의 〈랜턴〉을 보세요. 이 그림이 잠 못 이루는 밤, 생각의 전원을 꺼줄 것입니다.

찰스 커런 | 1913 | 캔버스에 유채 | 76,8×76,8cm | 개인 소장

이 그림의 어두운 색감은 눈에 편안함을 줍니다. 또 어둠 덕분에 주위의 다른 것들이 모두 보이지 않습니다. 배경에 집이 있는지 숲이 있는지 우리는 볼 수 없습니다. 오직 내 발밑을 밝히는 잔잔한 등불뿐입니다. 이 불빛으로 활발한 활동을 할 수는 없습니다. 우리가 안전히 집으로 돌아가 쉴 수 있도록, 그 길만큼을 밝혀줄 빛입니다.

등불에 기름이 남아 있다고 밤에 이것저것 하며 여기저기 돌아다니다 보면 결국 불은 꺼질 겁니다. 편안한 휴식 같던 숲은 순식간에 무서운 공간으로 돌변하겠지요. 기름을, 바꿔 말하면 에너지를 항상 적절히 조절해야 한다는 뜻입니다.

잠들기 전에는 스마트폰도, 자야 한다는 강박도 내려놓고
이 그림을 보다 편히 잠드세요.
밤의 어둠에 심신을 맡기고 내일 다시 주변이 환하게 드러날 때,
그때 다시 힘을 내도 괜찮습니다.

하루의 시작이 좋아진다

로버트 던칸슨 Robert Seldon Duncanson
골짜기 초원 Valley Pasture

고요한 아침 풍경이 떠오르는 그림입니다. 특히 의대생들에게 인기가 높은 그림인데요, 혼자 있고 싶을 때 보면 좋겠다는 이유에서입니다. 치열한 수험 생활에 이은 대학 생활, 인턴, 레지던트 등 10년이 넘는 기간 동안 엄청난 양의 공부와 경쟁 속에 사는 의대생들은 혼자 있고 싶어도 그럴 수가 없습니다. 상담 중에 '무인도에 가고 싶다'고 할 정도로 혼자만의 시간이 간절한데도요.

이들처럼 조용한 사색의 시간,
혼자만의 시간이 필요한 분들에게 도움이 될 그림입니다.

로버트 던컨슨 | 1857 | 캔버스에 유채 | 81.9×121.9cm | 스미소니언 미술관

이 그림의 묘미는 따뜻해 보이는 아침 햇살에 있습니다. 손으로 그림 속 하늘을 가리면 아마 산과 대지가 어둡게 느껴질 것입니다. 작가는 자칫 깜깜해 보일 수 있는 대지 위에 화사한 햇살을 더해 부드러운 아침을 표현했습니다.

어두운 대지를 밝히는 햇살이 마냥 강렬하기만 한 것도 아닙니다. 만약 그랬다면 아침에 일어나자마자 감상하기에는 부담스러울 수도 있습니다. 작열하는 태양 대신 따사로운 햇살이라 멋진 아침을 위한 그림으로 이 작품이 적당한 것입니다.

학교나 회사에 다니는 분들은 시끄럽고 복잡한 곳으로 가기 전, 이 그림을 보며 차분히 하루를 시작해도 좋겠습니다. 혼자 공부하는 수험생도 이 그림을 보며 조용한 하루를 다짐할 수 있겠구요. 머리맡에 붙여두고, 아침에 일어나면 시원하게 기지개를 켜며 감상하는 건 어떨까요.

뇌를 자극하는 흑백효과

바실리 칸딘스키 Wassily Wassilyevich Kandinsky
30 Thirty

고등학교 때 머리와 대학교 때 머리가 다르고, 취업 시험 볼 때 머리와 나이 들어 자격증 딸 때 머리가 또 다르다고들 합니다. 좀 더 어렸을 땐 하루에 백 자씩도 외웠는데 지금은 한 글자 외우는 것도 참 힘들다고 말이지요.

흔히 나이를 먹으면 '머리가 굳는다'고 하는데, 이는 뇌세포들을 연결하는 시냅스의 활동이 줄어들기 때문입니다. 하지만 운동해서 근육을 만들 듯, 뇌세포 간 연결을 강화하는 다양한 뇌 자극을 주면 뇌의 노화를 억제하는 데 도움이 됩니다. 그림을 활용하는 것도 한 방법이겠지요.

흑백 모빌은 아직 색을 구별하지 못하는 영유아의 두뇌발달과 집중력 향상에 좋다고 합니다. 흑백의 확실한 색 대비와 형태가 강한 시각적 자극을 주기 때문입니다. 미술치료에서 집중하지 못하는 사람에게 가장 많이 쓰는 색도 흰색과 검은색입니다. 예를 들어, 주의력결핍 장애 ADHD 환자에게는 흰색 도화지에 검은색 그림이나 글씨를 그리고 칠하게 합니다.

자기가 만드는 흑백의 대비는 단순하고 선명하여 집중하게 합니다. 어디에도 머무르지 못했던 정신이 한 곳을 오래 보게 되는 것 또한 주의력 향상을 돕습니다.

다음 페이지에 있는 칸딘스키의 흑백 그림을 봐주세요.

바실리 칸딘스키 | 1937 | 캔버스에 유채 | 81×100cm | 퐁피두센터

칸딘스키의 〈30〉이 지닌 힘은
흑백 효과만은 아닙니다.

그림 속 30개의 칸에는 저마다 딱 떨어지는 말로 규정하기 어려운 다채
로운 문양들이 있습니다. 때문에 경직되기 쉬운 흑백임에도 자유로운
발상이 가능합니다. 동시에 각진 테두리와 규칙적인 칸들이 교차해 정
신이 흐트러지지 않도록 합니다.

흑과 백, 두 가지 색만 사용했는데도 우리 눈은 이 그림에서 무한한 세
계를 읽을 수 있습니다. 그래서인지 칸딘스키의 흑백은 경쾌하고 청신
한 느낌마저 줍니다. 이렇게 고정관념을 깨는 예술가의 창조적 시도는
우리에게 건강한 내적 긴장감과 창조적 경험을 줍니다.

조금 곁가지 이야기일 수도 있지만, 혁명적인 흑백의 사용 하면 저는 패션 디자이너 가브리엘 샤넬Gabrielle Chanel이 떠오릅니다.

고아원과 수도원을 전전하며 불우한 환경에서 자란 샤넬이 어릴 적부터 접할 수 있는 색이라곤 흰색과 검은색뿐이었습니다. 샤넬은 이를 패션에 응용했는데, 어둠과 우울 대신, 밝음과 긍정으로 사용했습니다. 손에 들고 다녀야 했던 가방에 처음으로 체인을 걸고, 긴 치마를 파격적으로 잘라버렸습니다. 여성을 집안과 정숙에 가두는 정형화된 검은 가방, 치마가 오히려 여성의 손에 자유를, 사회적 해방감을 제공하는 순간이었습니다.

전 세계가 샤넬에 열광한 이유는
옷 그 자체보다 옷의 바탕에 깔린, 환경을 극복하려는
혁명적 생각 때문일지도 모릅니다.

여러분도 이 그림을 보며 자극을 받으면 '흑백'을 뛰어넘는 발상들이 떠오를지도 모릅니다!

절벽 너머 바다를 보는
긍정적 자기 암시

카스파르 프리드리히 Caspar David Friedrich
뤼겐섬의 백악암 Chalk Cliffson Rügen

독일에서 가장 큰 섬인 뤼겐섬에 가면 희귀한 풍경을 볼 수 있습니다.
바로 백악암이라는 건데요, 전 세계적으로 드문 새하얀 흙으로 된 석회
질 암석 절벽입니다.

카스파르 프리드리히 | 1818 | 캔버스에 유채 | 90.5×71cm | 오스카르 라인하르트 미술관

뤼겐섬을 유명하게 만든 건 한 점의 그림입니다. 지금은 풍화작용으로 마모되어 많이 부드러워진 상태라고 하지만, 프리드리히가 19세기에 그린 그림에는 절벽의 뾰족뾰족 날카로운 형태들이 그대로 살아 있습니다.

게다가 백악암의 흰색은 그림의 다른 어떤 요소보다 시선을 집중시키고, 마치 얼음산 같은 차가움을 먼저 전달합니다. 분명 저 너머에 평안하고 드넓은 바다가 펼쳐져 있는데도 절벽이 전체적인 풍경을 압도합니다.

눈앞의 시련은 이 그림의 흰 절벽 같은 것입니다.

목표는 시련 너머에 있습니다. 하지만 지금은 당장 극복해야 할 이 문제만 크게 보입니다. 남들도 다 겪는 일이라고 해도, 나에게 닥친 시련은, 보기 드문 흰 절벽만큼이나 내 인생에서 드물고 특별한 분기점입니다. 금방이라도 찔릴 것 같고, 조심해서 건너야 할 것 같은 두려움도 있습니다.

하지만 그림 속 인물의 복장이나 짙은 녹색 나무를 보세요.
사실은 그렇게 추운 겨울이 아닙니다.
현실은 얼어 있지 않고, 무엇보다 절벽을 넘어서면
평온한 바다가 펼쳐집니다. 희망적인 미래요.

그림을 보면 좌절해서 고꾸라진 것 같은 사람도 있지만, 당당하고 편한
자세로 하얀 절벽 너머 바다를 내다보는 사람도 있습니다.

미술치료 상담을 하다 보면 성공한 사람들은 앞으로 좋은 일이 펼쳐질
거라는 긍정적인 자기 암시를 많이 합니다. 제 주변의 한 치료사의 경
험담입니다.
그분이 미술치료를 배운 지 얼마 안 됐을 때, 저소득층 초등학교 5학년
생을 대상으로 미술치료를 진행하게 됐습니다. 만다라(원)를 그리고 거
기에 '되고 싶은 것을 그려보라'고 했더니 한 아이가 질문했다고 합니
다.
"내가 되고 싶은 걸 그리긴 했는데, 이렇게 그림만 그리면 되나요?"
미처 예상치 못한 질문에 그분은 '되고 싶은 걸 매일 생각하고, 열심히
공부하고, 기도하라'는 다소 당연한 대답을 하고 말았습니다. 그런데
아이가 정말 그 말을 진지하게 받아들이고 곁에 자신의 만다라를 붙여
두고 매일 공부하고 기도해 이분이 당황했을 정도라고 합니다.

아이는 꿈을 이뤘을까요?

플라시보 효과placebo effect를 발견한 것으로 유명한 프랑스의 약사이자 심리치료사인 에밀 쿠에Émile Coué는 우리 삶에 근본적인 변화를 일으키는 것은 굳은 의지가 아니라 긍정적인 상상이라고 했습니다.

"나는 날마다 모든 면에서 점점 더 좋아지고 있다."

에밀 쿠에는 이 말을 하루에 스무 번씩 되뇌면 목표가 이루어지고, 원하던 성공을 달성할 거라고 주장했습니다. 말을 반복하는 게 무슨 소용이 있겠는가 싶지만, 반복적인 암시는 내 무의식과 소통해 '내가 성공할 것'이라는 상상력이 뿌리박게 합니다. 이 상상력이야말로 정말 실오라기 같은 기회가 찾아온 순간, 다른 사람 모두가 지나친 그 기회를 나만은 잡을 수 있게 만드는 힘입니다.

이야기 속의 초등학생은 지금 성인이 되어 치료사와 연락하며 지낸다고 합니다. 물론 만다라에 그렸던 직업인의 모습으로요.

당장 내 앞에 방해물만 보일지라도 끊임없이 저편의 바다를 생각하세요. 지금은 막연하기만 한 희망과 긍정의 암시가 분명히 당신의 현실을 만들게 될 것입니다.

당신은 충분하다

막시밀리안 렌츠 Maximilian Lenz
세계 A World

일이 잘 풀리지 않을 때는 자신이 작아 보이고 고쳐야 할 습관, 부족한 부분 등 자신의 마이너스 요소에만 집중하기 쉽습니다. 그럴 땐 나와 친한 주위 사람들을 한번 생각해보세요.

나는 원래 괜찮은 사람입니다.
나는 아주 많은 장점이 있습니다.
장점을 얘기하며 나에게 용기를 북돋워 주는
사람들을 떠올려보세요.

막시밀리안 렌츠 (1899) | 캔버스에 유채 | 121.5×180cm | 헝가리 국립 순수예술 미술관

이 남성의 주위에도 그런 응원단이 있습니다. 푸른 드레스를 입은 여인 네 명이 남성을 바라보며 뭔가 말을 하고 있습니다. 아마도 "고개 드세요! 당신은 충분히 멋져요! 힘내세요!"라는 말은 아닐까요.

남성의 뒤에는 들뜬 응원에 취해 너울너울 춤까지 추는 여인들이 보입니다. 여인들이 이렇게 흥겨워하는데 이 남성이 계속 침울할 수 있을까요? 아마도 곧 코트와 모자를 벗어던지고 어울려 춤이라도 출 것 같습니다. 푸른 하늘, 여인들의 파란 옷은 마음을 차분히 가라앉혀줍니다. 녹색 들판은 편안함을 가져다주고요.

그림 속 남성처럼 고개 숙인 채 자신감을 잃지 않았는지 점검해볼 필요가 있습니다. 좋은 성과를 내기 위해서는 당당한 자신감이 중요합니다.

당신은 충분합니다.

이 그림 속 푸른 드레스를 입은 여인들의 열렬한 응원을 잊지 마세요.

반복되는 일상에 필요한 기분 전환

콩스탕 무아요 Constant Moyaux
빌라 메디치의 화가의 방 창문을 통해 본 로마의 전경
View of Rome from the Artist's Room at the Villa Medici

매일이 지겹고 답답할 때가 있습니다. 저는 그런 상담자들에게 지금 당면한 문제, 일상에 매몰된 시선을 밖으로 한번 돌려보라고 합니다. 시장에 가보라는 말도 많이 합니다. 시장은 생존을 위해 얼마나 많은 사람들이 고민하고 살아가는지, 얼마나 다양한 모습들인지를 볼 수 있는 세상의 축소판이기 때문입니다.

콩스탕 무아요 | 1863 | 종이에 수채 | 29.4×22.7cm | 발랑시엔 미술관

창밖을 바라보는 것도 같은 맥락입니다. 다만 창은 직접 밖으로 나가지 않아도 지금 있는 곳에서 전혀 다른 세계를 보게 하고, 시야를 넓혀줍니다. 소설 『원미동 사람들』의 양귀자 작가는 한 수필에서 '전망 좋은 방이란 곧 전망 좋은 창을 의미한다'고 썼습니다. 책상에 앉아 눈만 들면 한 폭의 산수화 같은 풍경이 펼쳐지고, 한 시간이고 두 시간이고 서서 창문 아래로 지나가는 학생, 미화원, 공사장 인부, 자동차 행렬 등 세상의 이야기를 들을 수 있다는 것입니다.

이 그림의 창도 그렇습니다.
방 안만 보면 일상이 단조로운 색채로 느껴질지 모르지만,
창을 열면 그것만으로도 방은 전혀 다른 공간이 됩니다.
탁 트인 로마 풍경이 나의 일부가 되고,
나 또한 더 넓은 세계의 일부가 됩니다.
넓고 시원한 창으로 들어오는 신선한 바람도 느낄 수 있습니다.

캔버스 대부분을 차지하는 커다란 창문과, 책 같은 생각할 거리가 많지 않은 것도 이 그림의 장점입니다. 여행을 가야만 볼 수 있는 멋진 전경과 시각적인 풍요를 방에서 누린다는 대리만족도 있습니다.

잠시 일어나 창문을 활짝 열어 내다보는 것도 좋고, 이 그림으로 마음을 환기하는 것도 좋겠습니다.

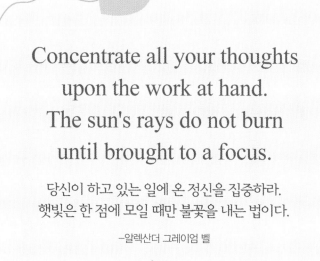

Concentrate all your thoughts
upon the work at hand.
The sun's rays do not burn
until brought to a focus.

당신이 하고 있는 일에 온 정신을 집중하라.
햇빛은 한 점에 모일 때만 불꽃을 내는 법이다.

—알렉산더 그레이엄 벨

어떻게 놀고 싶은 유혹을 뿌리칠까

폴 세잔 Paul Cézanne
귀스타브 제프루아 Gustave Geffroy
토마스 비크 Thomas Wyck
서재의 학자 A Scholar in His Study

폴 세잔과 토마스 비크의 그림 모두 한 남자가 책상에 앉아 있는 모습인데, 분위기는 꽤 다릅니다. 어느 그림이 더 자극이 되나요?

공부나 일을 하다 보면 아직 다 못 끝냈는데도 그만두고 집에 가고 싶을 때가 있습니다. 하지만 한 번 멈추면 다시 그 일을 끝마치기가 쉽지 않고, 특히 남들 다 노는 휴일이나 명절, 연말연시에는 더 그렇습니다. 하던 일을 멈추고 놀고 싶게 만드는 건 일종의 유혹입니다. 이번에 소개할 그림은 유혹을 떨치고, 놀고 싶은 마음을 다잡아줄 두 작품입니다.

먼저 폴 세잔의 그림을 보면 근엄한 표정의 남자가 정면을 똑바로 바라보고 있습니다. 솔선해서 정자세로 앉은 뒤 "자, 당신도 이제 책상 앞에 앉아야지?"라고 말하는 것 같습니다. 한 톤 차분한, 무채색에 가까운 배경의 책꽂이에는 아주 가지런히 책이 꽂혀 있습니다. 전체적으로 차분하고 지적인 분위기로 '아, 나도 빨리 집중해야지'라는 생각이 드는 그림입니다.

폴 세잔 | 1895~96 | 캔버스에 유채 | 110×89cm | 오르세 미술관

토마스 비크 | 17세기경 | 캔버스에 유채 | 33.5×31cm | 할월 박물관

반면 토마스 비크의 그림은 어떤가요?

정돈되지 않은 책상에, 창가에도 이런저런 물건이 놓여있습니다. 한마디로 정리가 안 된 방입니다. 남자 위로 드리워진 파란 천마저 대충 걸려 있습니다. 하지만 남자는 매우 집중해서 책을 읽고 있고, 덩달아 보는 사람도 뭔가에 집중해야만 할 것 같은 심상을 전달합니다.

놀고 싶은 유혹을 뿌리치는 데에 정답은 없습니다.
각자에게 더 맞는 환경과 방법을 찾는 것이
답이라면 답이겠습니다.
조금이라도 자신에게 맞는 방법을 찾길 바라는 마음에
'일에 몰두하게 만드는 그림'으로
이렇게 두 작품을 골라보았습니다.

차분하고 계획적인 사람이라면 폴 세잔의 그림이, 자유롭고 꽉 짜인 규칙이 불편한 사람이라면 토마스 비크의 그림이 어울릴 것입니다.

둘 중 하나의 그림을 감상하며 자신에게 맞는 방법을 찾으시길 바랍니다.

쉬는 시간의 기술

구스타프 클림트 Gustav Klimt
슐로스 캄머 공원의 산책로 Avenue in Schloss Kammer Park

쉬는 시간에는 무엇을 하면 좋을까요?

싱겁지만, 말 그대로 쉬는 게 제일 좋습니다. 잘 쉬어야 활력이 생기니 푹 자든, 나가서 놀든, 어떤 방식으로든 원하는 대로 쉬는 것이 최상입 니다. 그런데 한시가 아까운 사람들은 '쉬면서도 도움이 되는 뭔가'를 많이 찾습니다. 자는 건 아깝고 운동은 부담스럽다면, 잠시 이 그림의 힘에 기대보는 건 어떨까요?

구스타프 클림트 | 1912 | 캔버스에 유채 | 110×110cm | 벨베데레 오스트리아 미술관

나무의 초록이 눈과 마음에 편안한 휴식을 줍니다. 동시에 하나의 소실점이 노란 집으로 집중되는 구도와 노랑 자체의 집중도가 생각이 흐트러지는 것을 막아줍니다.

주위의 나무나 풀로 초록색을 가까이 하더라도,
일상에서 익숙해진 색과 최고의 예술작품에서 볼 수 있는 색은
사뭇 다른 효과가 있습니다.

바쁘게 일하다 잠시 눈을 돌려 이 그림을 바라보면 건강한 자극과 눈이
시원해지는 시각적 효과를 누릴 수 있을 겁니다.

간절하면 이루어진다

윌리엄 부게로 Adolphe William Bouguereau
작은 소녀 Little Girl

세계 최고의 명문대학인 하버드 대학교 교정에는 설립자인 존 하버드
John Harvard 동상이 있습니다. 이 동상의 발을 만지면 하버드에 입학한
다는 속설이 있어 하버드에 오면 반드시 들러야 하는 필수 코스입니다.
덕분에 동상의 왼쪽 구두는 반질반질 닳아있습니다.

윌리엄 부게로 | 1878 | 캔버스에 유채 | 17.9×14.9cm | 도쿄 국립서양미술관

이토록 순수한 얼굴로 두 손 모아 기도하는 그림 속 아이를 보면 원하는 모든 게 이루어질 것 같습니다.

사실 이 그림처럼 아이가 단독으로 나오는 그림은 평소 아이에 대한 개인의 생각에 따라 호불호가 갈리기도 합니다. 그러나 이 그림 속 아이는 평범한 어린아이라기보다는, 천사나 어떤 초현실적인 존재 같습니다.

이 그림의 힘은 신비로운 존재가 주는 믿음입니다.

이 그림의 또다른 힘은 무언가 메시지를 전하는 듯한 아이의 독특한 눈빛에 있습니다. 마냥 아이 같지만은 않은 깊은 눈빛이 '당신을 믿어요. 다 잘 되길 바랄게요'라고 말을 건네는 것 같습니다. 저절로 '고마워. 잘 할게'라고 대답하고 싶어질 정도입니다.

1980년대 택시와 버스 기사들은 '오늘도 무사히'라는 문구가 적힌 기도하는 소년 그림을 걸고 다녔다고 합니다. 어린 소년이 무릎을 꿇고 간절히 기도하는 그림입니다. 어린 소년의 기도에 힘입어 안전한 운행을 바란 기사들의 마음이 반영된 것입니다.

같은 의미로 자그마한 두 손을 모아 기도하는 어린 소녀의 바람은 여러분이 원하는 것을 이룰 수 있도록, 힘을 실어줄 것입니다.

And, when you want something,
all the universe conspires in
helping you to achieve it.

자네가 무언가를 간절히 원할 때,
온 우주는 자네의 소망이 이루어지도록 움직인다네.

—파울로 코엘료

초조함 vs 유머와 웃음

바실리 칸딘스키 Wassily Wassilyevich Kandinsky
확고한 분홍 Decisive Pink

제목 그대로, 노랑과 검정의 팽팽한 명도 대결을 분홍이 확고하게 무너뜨렸습니다.

명도 대비가 가장 큰 두 색 사이에 분홍이 자리해 날카로운 긴장감을 누그러뜨렸습니다. 분홍 대신 빨강이나 파랑, 초록 같은 원색이었다면 그림에 오히려 긴장감이 더해졌을지도 모릅니다. 행복을 상징하는 분홍이라 중재자 역할을 충분히 하는 것처럼 보이죠.

말 없는 분홍색의 네모가 묵묵히 자리를 지키는 그림,
그리고 〈확고한 분홍〉이라는 제목이 웃음을 자아냅니다.
풍부한 유머가 숨어 있는 이 그림은
초조함을 느끼는 분들에게 추천합니다.

바실리 칸딘스키 | 1932 | 캔버스에 유채 | 80.9×100cm | 구겐하임 미술관

초조함을 이기는 유머는 분홍의 태연함뿐만이 아닙니다. 도형들도 재미있습니다. 그냥 삼각형이 아닌 아주 뾰족한 삼각형, 그냥 사각형이 아닌 아주 가느다란 사각형, 그림 밖으로 튕겨 나갈 듯한 초승달 등이 어우러져 경쾌한 분위기를 줍니다. 왼쪽 도형은 윙크하며 웃는 것 같지 않나요?

칸딘스키의 이 작품은 보는 사람이 계속 이야기를 찾게 합니다. 그리고 자기도 모르게 웃음을 짓게 만들지요.

웃음은 초조함뿐 아니라 불안감과 스트레스를 줄여줍니다. 13세기의 기록에도 외과 의사들이 환자의 고통을 줄이기 위해 웃음을 의학적으로 이용했다는 이야기가 나옵니다. 미국과 영국에서는 웃음 치료가 하나의 대체의학으로 인정받을 정도입니다.
미국 뉴욕주립대의 연구에 따르면, 웃으면 뇌에서 세로토닌, 도파민, 엔도르핀 등 기본을 좋게 만드는 호르몬 분비가 촉진되어 혈압이 떨어지고 스트레스도 줄어든다고 합니다. 자연스럽게 불안, 초조 같은 부정적 감정도 사라지죠.

여러 가지 자유로운 선과 도형으로 새로운 이미지를 상상하다 보면, 초조함은 어느덧 저 멀리 날아갈 것입니다. 명화 한 점을 봤을 뿐인데 기분 좋은 유머까지 느낀다면 이보다 더 즐거운 경험이 있을까요? 칸딘스키의 〈확고한 분홍〉이 주는 힘입니다.

나태함을 극복하는 마인드컨트롤

조르주 뒤셴 Georges Duchesne
자전거 경주 Cycle Race

머리로는 해야 한다고 생각하지만, 몸이 움직이지 않을 때도 있습니다.
혼자 마음을 다잡아야 하는 경우라면 '이것만 해도 되겠지' '오늘은 이
만 쉴까' 식으로 여러 가지로 합리화하며 나태해지기도 쉽습니다.

나태해졌다는 것을 알면서도
이겨내기 힘들어 상담을 오는 사람도 많은데,
그럴 때는 주변의 물건을 바꿔볼 것을 추천합니다.
주위 물건들을 잘 선택하고 배치하는 일은 인테리어를 넘어
우리의 마음, 정신에도 영향을 주기 때문입니다.
그래서 '마인드 디자인'이라고도 하죠.

비즈니스와 관련된 물건이 있는 곳에서 게임을 하면 훨씬 경쟁적으로 행동한다고 합니다. 대학교수를 떠올리기만 해도 상식 문제를 더 잘 푼다는 연구 결과도 있습니다. 이를 '사회적 촉진 효과'라고 하는데, 그게 무엇이든, 내가 아닌 타자의 존재가 나의 수행에 영향을 미친다는 뜻입니다. 심지어 미국 일리노이 대학교 에드 디너Ed Dinner 교수는 거울이 있는지 없는지에 따라 시험 보는 이들의 행동 양식이 달라진다는 연구 결과를 내놓기도 했습니다.

조선시대 율곡 이이 선생도 사회적 촉진 효과를 현명하게 이용했습니다. 과거 시험에 9번이나 장원 급제를 해 구도장원공九度壯元公이라 불렸던 이이 선생은 어렵게 만든 공부 습관이 어그러질까 염려해 보름달이 뜨는 밤이면 손주와 제자들을 불러 모아 음식을 주고 책을 읽으면서 경연을 했다고 합니다. 공부하는 사람들을 곁에 두면 공부하는 습관이 사라지지 않을 거라 생각했기 때문입니다. 이 또한 나태함을 경계한 마인드 디자인이라 할 수 있습니다.

조르주 뒤셴 | 1902 | 수채 | 콩피에뉴 자동차 박물관

나태함을 혼자 극복해야 할 때는 〈자전거 경주〉라는 그림을 붙여두면 효과적입니다.

잔뜩 웅크리고 자전거를 타는 뒷모습입니다. 목표를 향해 같이 달리는 경쟁자들 같습니다. 가장 앞선 두 사람은 뒤도 돌아보지 않는 반면, 뒤로 처진 사람들은 가지각색입니다. 옆도 돌아보고 몸도 조금 더 느긋합니다. 힘들어 하는 사람을 '그래도 가야 돼!' 하며 억지로 다시 자전거에 태우는 것 같은 모습도 있습니다.

보는 사람이 이들 뒤에서 같이 따라가고 싶게 만드는 그림입니다. 내가 의욕이 없을 때조차 경쟁자들은 저만큼 앞서가고 있을 테니까요.

육상이나 마라톤 같은 기록 경쟁에서
혼자 달리면 크게 불리합니다.
경쟁자가 있어야 기록이 훨씬 단축되기 때문입니다.
마찬가지로 이 그림을 포함해
내 주변을 경쟁심을 자극할 만한 물건으로 채워보세요.
가까이 두고 보면 나태함도 사라질 것입니다.

**The enemy is
the necessary condition
for practicing patience**

인내를 실천할 때 적은 최고의 스승이다.

−달라이 라마

집중력을 향상시키는 나무들

마르틴 말하로 Martín Malharro
수풀 The Grove

반복되는 패턴이 돋보이는 작품으로, 학생들이 좋아해 많이 고르는 그림입니다. 꼭 그림 속 나무가 몇 그루인지 세어보곤 하는데, 당연히 그림에 굉장히 집중하게 됩니다.

마르틴 말하로 | 1885~1911 | 수채 | 34.3×50.8 cm | 부에노스아이레스 국립미술관

이렇게 그림에 집중을 해보면, 다른 것을 할 때도 집중력이 발휘될 가능성이 높습니다. 집중도 일종의 '두뇌 습관'이라 해본 사람이 더 잘하기 때문입니다.

최근에는 '시각주의력'이라는, 시각 자극을 빠르게 받아들이고 필요한 정보를 선택해 기억하는 능력이 널리 주목받고 있습니다. 시각주의력을 향상시킬 때는 주로 틀린 그림 찾기, 숨은 그림 찾기 등 순간적인 집중력이 필요한 그림을 많이 보여줍니다. 이 그림은 트레이닝을 위해 일부러 그린 그림은 아니지만, 효과가 있습니다.

혹시 집중력이 떨어진 느낌이라면 이 그림을 감상해보세요. 단순히 나무를 세는 것 외에, 나무들이 같은 모양인지 아닌지를 자기도 모르게 찾으며 집중력이 상승될 것입니다.

더 나은 미래를 위한 지금의 고생

호아킨 소로야 이 바스티다 Joaquin Sorolla y Bastida
발렌시아 해변에서 On The Valencian Coast

가끔씩 '정체되어 있다'는 기분이 들 때가 있습니다. 부정적인 생각도 슬그머니 따라오죠.

갇혀 있는 기분이거나 발전과 변화 없이 멈춰 있다는 느낌이 드는 분들을 위해 〈발렌시아 해변에서〉라는 그림을 준비했습니다.

여러 척의 배가 바람을 받으며 망망대해를 향하고 있습니다. 바다는 굉장히 진취적인 심상을 전달하는데, 힘찬 뱃고동 소리와 함께 떠나는 배들, 배에 오르내리는 사람들의 움직임, 바다로 나가면 사람이든 물고기든 가득 싣고 돌아올 것 같은 기대감 등 때문입니다. 바다와 하늘에 사용된 파란색이 주는 안정감이 과감한 꿈을 꾸게 돕습니다.

바다는 먼 앞날, 큰 꿈을 체험하게 합니다.
항해는 넓은 바다로 힘차게 나아가는 일입니다.
더 나은 앞날에 대한 꿈을 이 그림으로 일깨워 보세요.

호아킨 소로야 이 바스티다 | 1898 | 캔버스에 유채 | 57×88.5cm | 부에노스 아이레스 국립미술관

효과 만점의 좋은 긴장감

조르주 브레이트너 George Hendrik Breitner
귀고리 The Earring

중요한 면접이나 미팅, 경쟁 PT를 앞둔 전날 밤은 머리부터 발끝까지, 아주 사소한 것까지 신경 쓰이고 걱정되어 스트레스가 생길 수밖에 없습니다. 충분히 이해합니다.

하지만 준비를 그렇게 열심히 하고, 마지막 점검을 소홀히 할 수는 없습니다. 그럴 때일수록 긴장감을 늦추지 말고 이왕 준비한 것들을 끝까지 열심히 해봐야 합니다. 이 그림이 여러분을 도와줄 것입니다.

조르주 브레이트너 | 1893 | 캔버스에 유채 | 84.5×57.5cm | 보이만스 반 뵈닝겐 미술관

스트레스는 줄일수록 좋다고 하지만, 중요한 일을 앞두고 받는 스트레스는 심신에 긍정적인 영향을 줍니다. 긴장감이 순간적으로 집중력과 몰입감을 높여주기 때문입니다. 이렇게 긍정적인 스트레스를 '유스트레스eustress'라고 하고, 반대로 부정적인 스트레스를 '디스트레스distress'라고 합니다.

1936년 스트레스의 개념을 알린 캐나다의 생리학자 한스 셀리에Hans Selye 박사는 스트레스를 '인간에게 유의미하다고 판단되는 내외적 자극'이라고 정의했습니다. 그러나 사람들이 유스트레스보다 디스트레스에 더 많은 관심을 보이며 스트레스는 부정적 이미지가 되었습니다.

유스트레스는 단상에서 연설하기 직전의 두근거림, 치열한 운동경기를 볼 때의 긴장감, 좋은 소식을 들었을 때의 흥분 등 우리 주위에 흔한 자극입니다.

이 그림 역시 유스트레스를 줍니다. 꼿꼿하게 서 있는 여인을 보세요. 중요한 모임이나 공연을 앞둔 것 같습니다. 거울에 살짝 비치는 표정도 아주 진지하며, 여인의 긴장감이 그림을 감상하는 우리에게도 그대로 전해집니다.

이 그림이 좋은 또 다른 이유는, 긴장감과 동시에 여유가 느껴진다는 점입니다. 우아하게 귀고리를 만지는 여인은 전혀 조급해 보이지 않으니까요.

뾰족할 정도로 곧은 여인의 자태에서 잠시나마 흐트러졌던 정신과 마음을 확 바로잡을 긍정적 긴장감이 느껴집니다. 매무새를 가다듬는 이 여인처럼 나도 스스로를 점검해야겠다는 생각이 듭니다.

중요한 일을 앞두고, 집중도를 높이는
유스트레스가 필요한 순간, 도움이 될 그림입니다.

It is a good thing for everyone who can possibly
do so to get away, at least once a year for a
change of scene. I do not want to get
into the position of not being able to see the forest
because of the thickness of the trees.

일 년에 한 번은 시야를 바꿀 수 있도록 쉬어라.
나무가 너무 빽빽하면 숲을 볼 수 없다.

－프랭클린 루스벨트

가끔은 바다가 필요합니다

김보희
Towards

심신이 완전히 지쳤을 때, 일이든 공부든, 계속 내면에 있는 것을 퍼다 쓰기만 하고 제대로 충전되지 않는 느낌일 때 '바다에 가고 싶다'고 하는 사람이 많습니다. 진짜로 물리적인 바다로 여행을 떠나서 쉬고 싶다는 말일 수도 있고, 막연히 '바다'라는 공간이 주는 이미지가 그리워서 습관처럼 하는 말 같기도 합니다.

힘들 때 바다가 보고 싶은 것은 왜일까요?
인류는 바다에서 왔다고 하니 회귀본능인 것도 같습니다. 복잡한 것 없이 넓게 펼쳐진 바다의 시원한 풍경을 보고 싶은 것일 수도 있습니다. 어느 쪽이든 확실한 것은 앞만 보고 달려가는 사람에게는 바다가 필요하다는 사실입니다.

김보희 | 2013 | 천 위에 채색 | 145×91cm | 개인소장

이 그림은 바다를 찾을 여유가 부족한 사람에게,
바다를 마주하고 섰을 때
느끼는 감정과 여유를 선물할 작품입니다.

녹색과 파란색으로만 이루어진 바다입니다.

파란색이 스트레스를 덜어준다는 사실은 이미 유명합니다. 차분한 녹색 덕분에 컴퓨터 모니터나 책만 노려보고 있었을 눈의 피로도 좀 가십니다. 쨍하지 않은 파랑, 차분한 녹색 덕분에 그저 바라보고만 있어도 날카로워진 신경이 달래지는 것 같습니다.

무엇보다 이 그림의 좋은 점은 어디에나 있을 것만 같은 바다지만, 누구나 꿈꾸는 환상의, 먼 옛날의 바다 같기도 하다는 점입니다. 세상 어디에도 없는 것을 꿈꾸는 사람은 극히 드뭅니다. 모두 사소하지만 나에게 가장 빛나는 것을 이루기 위해 노력합니다.

이 그림은 바로 모두가 꿈꾸는,
사소하지만 찬란하게 빛나는 꿈 그 자체 같습니다.

잠시 숨 돌릴 여유를 충분히 주면서도, 바라는 것에서 눈을 떼지 않도록 만드는 그림 한 점,
김보희의 〈Towards〉입니다.

승리를 위한 시크릿 이펙트

빅토리아 뒤부르그 Victoria Dubourg
꽃 Flowers

이 그림을 보면 무엇이 떠오르시나요? 저는 축하의 꽃다발이 떠오릅니다. 병에 꽂혀 있지만, 원래는 누군가를 축하하기 위해 선물한 꽃다발이었을 것 같습니다.

빅토리아 뒤부르그 | 20세기경 | 캔버스에 유채 | 42,7×47,8cm | 도쿄 국립서양미술관

보통 상담을 받으러 오는 분들은 공통적으로 꽃 그림을 좋아합니다. 그런데 이 그림은 '만만찮다'는 느낌이 드는, 조금 다른 꽃 그림입니다. 사용된 꽃에 조금 더 집중해볼까요?

보통 꽃잎은 둥근 편인데 그림 속 꽃잎들은 대체적으로 뾰족합니다. 화려한 색을 뽐내지만 날이 바짝 서 있습니다. 이 날카로운 꽃잎들 덕분에 이 그림은 다른 꽃 그림에 비해 몇 배나 더 생생하게 느껴집니다. 덧붙여 왼쪽과 오른쪽 끝에 있는 분홍색 글라디올러스의 꽃말은 '승리' '행복' '건강'입니다. 역시 무언가를 축하하기에 더할 나위 없이 적합한 꽃입니다.

이 그림은 좋은 성과와 그에 따라올 축하를 상상하며 의지를 불태우게 할, 멋진 그림입니다.

수시로 이 그림을 보며 승리한 내 모습을 상상해보세요. 그 상상이 현실이 될 날이 머지않았습니다.

이제 모든 준비는 끝났다

클로드 모네 Oscar-Claude Monet
푸르빌 절벽 위의 산책 Cliff Walk at Pourville

이 그림을 선호하는 사람은 많지만, 특히 큰일을 앞둔 사람이 이 그림
에서 마음의 안정을 찾곤 합니다. 바다와 절벽과 하늘과 사람이 한눈에
보이는, 서양 화가의 작품이지만 동양적 시각에 부합하는 그림입니다.
이런 원경은 본능적으로 마음을 편안하게 합니다.

클로드 모네 | 1882 | 캔버스에 유채 | 66.5×82.3cm | 시카고 미술연구소

동서양의 아이들이 그림을 그릴 때 다른 점이 있습니다. 서양 아이들은 소실점이 맺히는 집중 대상부터 그리지만, 동양 아이들은 전체를 바라보는 시각의 그림을 많이 그립니다. 동서양의 차이를 다룬 한 다큐멘터리에서는 인물화와 사진 찍는 법 등을 비교하면 서양은 대상만, 동양은 주변까지 포함해 담는다는 결과가 나왔습니다. 동양에서는 사람과 사물이 자연의 일부처럼 조화를 이루는, 멀리서 바라보는 광경을 더 좋아한다는 의미입니다.

이 그림에서 눈을 시원하게 하는 바다와 하늘은 자연인 동시에 미지의 세계로서, '향하고 싶은 곳'이라는 상징성도 있습니다. 절벽 위의 두 인물은 여유롭지만, 정장을 갖추고 양산을 쓰고 만반의 준비를 마친 모습입니다. 모든 채비를 마치고 높은 곳에 서서 무언가 기다리며 바라보고 있는 것 같습니다. 바람을 탄 멋진 배가 오면 그 배에 올라타리라는 자신감이 느껴집니다.

그림에 사용된 색도 스트레스를 누그러뜨립니다. 스트레스 해소에 가장 탁월한 푸른 계열이 청량감을 주고, 절벽의 풀과 양산, 들꽃들의 분홍색이 잔잔한 터치로 스며 따스한 느낌입니다.

이 그림은 1882년, 모네가 푸르빌이라는 마을에 머물며 그린 작품입니다. 그는 미래의 아내인 알리스 오슈테Alice Hoschede에게 이렇게 편지했습니다.
"이 고장은 너무도 아름다워지고 있소. 당신에게 기쁨으로 가득 찬 이곳을 구석구석 전부 보여줄 수 있으면 얼마나 좋을까!"

그 마음을 담아 모네는 자신이 아름답다고 느끼는 모든 색을 사용했습니다. 팔레트에 물감을 섞지 않고 바로 사용하면서도, 화폭에 담은 그 순간의 전체적인 분위기를 표현하는 점이 모네의 큰 특징인데요, 이 그림도 멀리서 보면 멋진 풍광을, 가까이서 보면 순수한 색의 향연을 볼 수 있습니다.

중요한 일을 앞두고, 어느 정도 준비를
마쳤을 때 보면 좋을 그림입니다.
이 그림의 공기와 색깔, 자연을 보며
한 번 더 자신을 점검하고, 성공의 배에 올라타
미지의 세계로 나아가는 꿈을 이루기를 바랍니다.

탑을 쌓듯 견고하게 세우는 계획

피테르 브뤼헐 Pieter Bruegel the Elder
바벨탑 The Tower of Babel

시험, 발표, 경쟁 PT, 경기, 어떤 일이든 '결전의 날'을 준비할 때는 계획이 중요합니다. 공무원 시험 등을 준비하고 있다면 1년 이상의 장기계획이 필요할 것입니다. 장기전일수록 전략적으로 계획을 잘 세워야 목표한 바를 이룰 수 있습니다. 너무 빡빡해도, 너무 느슨해도 안 되는 것이 바로 계획입니다. 계획을 세우는 목적은 차근차근 일정에 맞춰 준비를 하는 것이니까요.

피테르 브뤼헐 | 1563 | 판넬에 유채 | 60×74.5cm | 보이만스 반 뵈닝겐 미술관

피테르 브뤼헐의 〈바벨탑〉은 계획의 중요성을 일깨워 줍니다.

이 그림은 무슨 일을 해도 중간에 잘 그만두는 사람, 어떤 일을 시작하든 흐지부지되는 사람들, 특히 의지가 약한 분들이 좋아하는 그림입니다. 한마디로 '탑을 제대로 끝까지 못 쌓는 사람들'이지요. 자신들도 스스로 알아서 그런지, 이렇게 위로 올라가는 탑 그림에 몰두하곤 합니다. '나도 열심히 탑을 쌓아 올려야겠다'는 의지를 불러일으키는 그림이거든요.

하지만 이 탑은 그냥 탑이 아니라 바벨탑입니다. 때문에 이 그림을 보여주고 상담할 때는 꼭 내용을 이야기합니다. 바벨탑 신화는 하늘에 닿기 위해 마구잡이로 거대한 탑을 쌓은 인간의 오만함에 분노한 신이 본래 하나였던 인간의 언어가 여러 개로 나뉘는 저주를 내렸고, 탑은 결국 완성되지 못했다는 내용입니다.

이 그림을 고른 사람들은
실생활에서 제대로 쌓지 못한 계획이라는 탑을
그림에서나마 튼튼하고 높게 쌓고 싶은 마음이 클 것입니다.
자신만의 탑을 쌓으려는 의지는 바람직하지만,
그저 '탑'을 쌓겠다는 마음만으로,
오로지 위만 쳐다보며 탑을 올리다가는 금방 무너지기 쉽습니다.
그러니 겸손한 마음으로, 천천히 견고하게 쌓아야 합니다.

차분히 계획을 세우고 싶다면 바벨탑 그림을 감상하며 안에 담긴 의미
도 곱씹어 보세요. 하늘에 닿겠다는 바람만 담아 무작정 쌓아 올리다
결국 무너진 탑을요. 한 층 한 층 쌓되, 무너지지 않도록 내 마음을 다지
면서 실행해야 한다는 사실을 잊지 않도록 말입니다. 그림의 탑은 비록
완성되지 못했지만, 우리는 우리만의 탑을 완성할 수 있습니다.

이 그림은 그 힘을 우리에게 줄 것입니다.

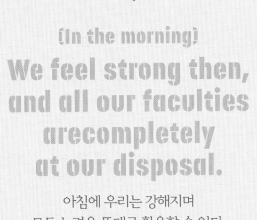

(In the morning)
We feel strong then,
and all our faculties
arecompletely
at our disposal.

아침에 우리는 강해지며
모든 능력을 뜻대로 활용할 수 있다.

—쇼펜하우어

아침형 인간이 얻는 것

외젠 들라크루아 Ferdinand Victor Eugène Delacroix
민중을 이끄는 자유의 여신 Liberty Leading the People

올림픽 스피드스케이팅 종목에서 2개의 금메달과 하나의 은메달을 딴 '빙속 여제' 이상화 선수의 별명은 '연습벌레'입니다. 아무리 힘들어도 연습을 거르지 않아 생긴 별명입니다. 그런 이상화 선수도 아침에 일찍 일어나는 것은 힘이 들었는지 하루는 이런 일기를 적었다고 합니다.

"나쁜 천사는 더 자라고 소리치고, 착한 천사는 빨리 일어나 운동 가라고 한다. 매일 천사들의 싸움이 지긋지긋하다. 싸우지 않게 벌떡 일어나야겠다."

사실 일찍 일어나는 것은 다른 사람을 앞서는 가장 빠른 방법입니다. 남들보다 2시간 먼저 일어난다고 하면, 아직 침대에 누워 있을 사람에 비해 일주일에 14시간, 한 달에 60시간, 1년에 730시간을 더 쓸 수 있는 셈이니까요. 실제로 성공한 사람 중에는 '아침형 인간'이 많습니다. 스타벅스의 CEO 하워드 슐츠Howard Schultz, 애플의 CEO 팀 쿡Tim Cook, 월트 디즈니 CEO 밥 아이거Bob Iger 모두 새벽 4시 반에 일어나 업무를 시작한다고 합니다.

아침은 부드러운 침대에 좀 더 누워
게으름을 피우고 싶은 시간입니다.
하지만 그런 자신을 이기는 것도 최고의 나를 만드는 과정입니다.
들라크루아의 이 그림을 보며 의욕 있는 하루를 시작해보세요.

그림의 아래쪽에 죽은 사람들이 보입니다. 또 포화 속에 민중이 총기를 치켜든 것으로 보아 전쟁 상황임을 알 수 있습니다. 그 한가운데를 맨발로 앞장서 나가는 여신이 있습니다. 휘날리는 옷자락과 앞으로 기울어진 몸에서 앞으로 나아가는 운동감과 힘이 느껴집니다.

강인해 보이는 남성이 주인공이 되어 '가자! 나서자!' 했으면 어떨까요? 죽느냐 사느냐 목숨이 달린 강박적인 전쟁의 느낌이 더 강하게 들었을 것입니다. 하지만 이 그림에서는 그런 강박이나 강요가 느껴지지 않습니다. 나를 이끄는 사람이 중무장한, 전투에 익숙한 사람이 아니라, 위험 앞에 자신의 몸과 자신이 믿는 가치를 당당히 내놓은 '자유의 여신'이기 때문입니다.

해야 할 일이라는 걸 알지만 하기 싫고 게으름 피우고 싶을 때, 누가 확 이끌어주면 못 이기는 척, 하게 됩니다. 하지만 그럴 때 반발심이 생기면 그것도 스트레스로 이어지겠죠.

이 그림에서 민중을 이끄는,
강하면서도 편안하고 거부감 없는 존재가
여러분에게 기세 있는 아침을 선물할 것입니다.

최상의 바이오리듬을 위하여

클로드 모네 Oscar-Claude Monet
지베르니 근처 푹 꺼진 양귀비 밭 Poppy Field in a Hollow near Giverny

좋은 컨디션을 위해서는 운동이 필수라고 하지만, 사실 규칙적으로 운동하는 사람은 그리 많지 않을 것입니다. 운동은 사실 신체적 건강 외에도 많은 영향을 끼칩니다. 미국 미시간주립대가 대학생들을 대상으로 한 실험 결과, 유산소 운동을 한 그룹이 그렇지 않은 그룹보다 단어 기억력이 좋았다고 합니다.

클로드 모네 | 1885 | 캔버스에 유채 | 65.1×81.3cm | 보스턴 미술관

다행히도 평면적인 그림이라도 그 안에서 운동감이 느껴지면, 그 그림을 보는 사람의 몸도 운동감을 간접적으로 느껴 활력을 찾곤 합니다. 이 그림이 바로 그런 그림입니다.

그 위로 신나게 미끄럼틀을 타고 싶은 기분이 들게 하는, 가운데가 움푹 팬 비탈과, 붓 터치가 살아있는 푹신한 풀밭이 있습니다. 중앙에는 에너지를 주는 빨간 꽃들이 감상자를 향해 있는 구도라 이 역시 보는 사람에게 생생한 기운을 전달합니다.

이 그림을 지그시 바라보며 푹신한 풀 위에서 미끄럼틀을 타고 내려온다고 상상해보세요. 명화의 힘은 비록 상상이지만 실제 미끄럼을 탄 것 같은 효과를 주는 것에 있습니다. 몸이 이런 운동감을 느끼면 바이오리듬도 자연스레 좋아집니다.

움직임에 제약이 있는 환자들도 클로드 모네의 이 작품을 좋아합니다. 역시 운동감 때문인데, 몸을 자유로이 움직이기 힘들지만 그림을 보는 것만으로 시원한 활동감을 느낄 수 있기 때문입니다.

운동은 물론 실제로도 꾸준히 해야 합니다. 하지만 동시에 이 그림도 자주 감상하길 권합니다. 움직이지 않아도 움직이는 기분, 그 기분이 여러분의 바이오리듬을 좋게 만들어줄 것입니다.

극한 스트레스를 맞이하는 자세

페르디낭 호들러 Ferdinand Hodler
나무꾼 Woodcut ter

아무리 나이가 들어도 시험은 여전히 대부분의 사람에게 가장 큰 스트레스 요인입니다. 시험을 앞둔 학생들의 스트레스를 심각한 사회 문제로 생각하는 미국에서는 여러 대처 방안들이 모색되었습니다. 캘리포니아에서는 극도의 스트레스에 지친 학생들을 위해 자정 직전 카페테리아에서 무료 야식을 제공하는 파티를 열었고, 반려동물과 시간 보내기, 기숙사 옥상에서 야구공 1만 개 나눠주기, 도서관에서 혼자 노래하고 춤추는 시간 가지기 등도 있었습니다.

만약 이런 극한의 스트레스를 해소할 방법을 찾지 못했다면, 이 그림을 활용해 꽉 막혔던 속을 시원하게 풀어보세요.

페르디낭 호들러 | 1910 | 캔버스에 유채 | 130.8×100.7cm | 오하라 미술관

호들러의 〈나무꾼〉은 스트레스가 최대치에 달했을 때 대리만족을 주는 그림입니다.

한 번만 더 찍으면 이 높은 나무도 쓰러질 것 같습니다. 나무꾼의 자세도 소극적인 곳이 없이 기골장대한 몸을 끝까지 쭉 뻗었습니다.
그림 중앙을 사선으로 가로지른 몸의 구도는 긴장감을 줍니다. 머리끝까지 새빨개질 정도로 온 힘을 준 모습이나, 정말 집중한 표정에서 금방 나무가 넘어갈 것 같은 기대감이 생깁니다.

이미 쓰러진 나무였다면 오히려 패배의 심상이 느껴졌을 것 같습니다. 하지만 그 대신 막 넘어가려고 하는 찰나를 포착한 것이 이 그림의 절묘함입니다. 손에 든 것이 톱이었어도 슥슥 써는 과정 하나하나가 수고로움과 노동이었을 것입니다.
야구에서 풀 스윙한 배트를 휘두르는 순간의 후련함과 공이 맞는 경쾌한 소리, 그 호쾌함에 스트레스가 풀리는 것처럼, 화가는 한 번 휘두를 때마다 힘과 속도감이 느껴지는 도끼를 선택했습니다.

그림 전체에 대단한 에너지가 넘치지만,
흰 배경에 파란 조각하늘 덕분에 숨 쉴만한 공간도 있습니다.
구도와 색감, 오브제의 선택이 조화를 이루어
그야말로 스트레스를 푸는 데 제격인 그림입니다.

그림을 들으면 두뇌가 움직인다

바실리 칸딘스키 Wassily Wassilyevich Kandinsky
즉흥 30 Improvisation No.30

중요한 일을 눈앞에 두었을 때, 평소보다 머리 회전이 빠르다면 훨씬 도움이 될 것입니다. 예술 작품은 두뇌에 좋은 자극을 주어 뇌파의 변화를 유도합니다.

'모차르트 이펙트Mozart Effect'라는 연구가 음악 분야에 큰 반향을 일으킨 적이 있습니다. 미국의 프랜시스 로셔Frances Rauscher, 고든 쇼 Gordon Shaw 박사가 36명의 대학생들을 대상으로 모차르트의 〈두 대의 피아노를 위한 소나타〉를 10분간 들려준 후 지능테스트를 했더니, 음악을 듣기 전보다 8~9% 지능이 향상되었다고 합니다. 추정 IQ 220인 모차르트가 자신의 선천적인 뇌의 레퍼토리를 자기 음악에 이용했기 때문이라는 것입니다.

최근 영국의 인지신경심리학과 데이비드 루이스David Lewis 박사는 꼭 모차르트의 음악이 아니더라도 음악 감상이 스트레스를 61% 정도 줄여준다고 발표했습니다. 뇌 전문가 알렉스 도먼Alex Doman 역시 음악이 인간의 뇌기능을 활성화시켜 학습능력, 기억력, 행복감 등에 큰 영향을 준다고 했습니다.
이런 음악을 그림을 통해 느낄 수 있다면 어떨까요?

바실리 칸딘스키 | 1913 | 캔버스에 유채 | 111×111.3cm | 시카고 미술연구소

"색채는 건반이고 눈은 망치다.
영혼은 많은 줄을 가진 피아노다."- 칸딘스키

칸딘스키는 그림에 음악을 넣은 화가로 유명합니다. 그는 회화와 음악의 관계를 깊이 탐구했으며, 소리에서 색채가 보이는 '공감각자'였다고 추정됩니다. 실제로 바그너Wagner의 오페라 〈로엔그린〉을 관람하고 '머릿속에서 내가 아는 모든 색을 보았다'는 평을 남기기도 했습니다.

이 그림의 제목은 〈즉흥 30〉입니다. 일반적으로 '즉흥'은 음악 용어로 많이 쓰이는데, 떠오른 악상을 바로 옮긴 작품을 '즉흥곡'이라고 합니다. 〈즉흥 30〉은 즉흥곡처럼 자유로운 색채와 형태가 손에 잡히지 않는 선율을 이루고 있습니다. 리듬감이 넘치는 작품입니다.
칸딘스키는 '보이는 소리'를 그린 것입니다.

색을 소리로 듣는 공감각자가 칸딘스키의 그림을 보면 교향곡이 들린다고 합니다. 여러분도 이 그림에서 들려오는 음악을 상상해보세요. 어떤 분위기의 음악일까요? 실제로 음악을 감상하는 행위 못지않게 우리 두뇌 활동에 도움이 될 것입니다.

졸음이 달아나는 시각 효과

한나 허쉬 폴리 Hanna Hirsch-Pauli
아침식사 시간 Breakfast Time

봄, 집중해서 무언가 해야 할 때 성가신 불청객이 있습니다. 바로 춘곤
증입니다. 나도 모르게 눈꺼풀이 내려가며 집중에 방해가 되지요. 춘곤
증과 오후의 나른함을 잘 정리해줄 그림을 소개합니다.

한나 허쉬 폴리 | 1887 | 캔버스에 유채 | 87×91cm | 스톡홀름 국립미술관

이 그림은 두 가지 심상으로 나른해진 마음을 정리해줍니다.

첫 번째, 아주 화창한 날씨에 야외에서 즐기는 티타임입니다. 몸은 나른한데 그냥 쉬기에는 마음이 편치 않을 때, 이 그림으로 한가로운 휴식을 경험하며 마음을 편안하게 다스려보세요.

두 번째 심상은 정반대입니다. 테이블 위에 놓인 다양한 용도, 소재, 색깔의 그릇들이 눈을 즐겁게 합니다. 촉각과 시각을 자극하는 장치입니다. 예쁘고 화사한 잔과 주전자를 즐겁게 감상하다보면 어느새 졸음은 사라질 것입니다.

사실 춘곤증에는 잠깐 자는 것이 가장 효과적이지만,
그럴 수 없는 분들은 이 그림처럼
'차 한 잔의 여유'나 '풍성한 식사'를 느끼게 하는 그림을
잠시 감상하는 것도 도움이 됩니다.
그림의 한가로운 여유를 즐기는 동시에
시각적 자극이 정신을 깨워줄 테니까요.

이는 '먹방'과도 관련된 효과입니다. 다른 사람이 먹거나 요리하는 모습을 보는 콘텐츠인 '먹방'의 유행을 보며 저는 우리나라 사람들의 심리를 엿보곤 합니다. 이는 곧 사람들이 요리를 하고 함께 어울려 식사를 할 만큼의 정신적 여유가 없다는 뜻입니다.

저는 딱히 '먹방'을 즐겨보지는 않지만 대신 예쁜 그릇을 보면 자꾸 사고 싶습니다. 저 역시 학교 수업, 외부 강의, 연구, 집필 등으로 정신없이 바쁜 나날을 보내느라 차분히 요리나 식사를 할 엄두를 못 낸 지 꽤 되었거든요. 고운 그릇들을 보며 여유로운 심상을 떠올리고, 위안을 삼습니다.

스르르 몸이 풀어지는 오후,
이 작품으로 잠깐의 휴식을 만끽하시기 바랍니다.
잊고 있던 여유와 상쾌한 기분을 되돌려줄 것입니다.

좋은 시작은 절반의 성공이다

폴 필 Paul Peel
버블 보이 The Bubble Boy

어떤 일이든 처음이 힘듭니다.

'처음'이라는 생각 자체가 몸과 마음을 경직시키고, 작은 일도 처음 할 때는 커다란 부담으로 다가옵니다. 처음이 잘 풀리지 않으면 '괜히 시작했나' 하는 조바심과 약한 생각도 들게 마련입니다. 그럴 때 도움이 될 그림입니다.

온 힘을 다해 비눗방울을 부는 아이입니다. 얼마나 힘을 주는지 부푼 볼이 발갛네요. 아마 배와 몸 전체에도 힘을 주고 있을 것 같습니다. 비눗방울 불기라는 작은 일에 온 신경을 쏟는 어린아이의 모습에서 우리는 집중과 힘을 전달받습니다.

처음에 힘을 꾹 줘야 커다란 비눗방울이 불리면서
예쁜 비눗방울들이 계속 퐁퐁 생깁니다.
얼굴이 빨개지고 숨이 가빠져도,
처음의 그 안간힘이 나를 순탄한 궤도에 올려놓는 원동력입니다.
처음이 힘들더라도 흔들리지 않고 계속하면
그 힘을 받아 좋은 결과가 생길 것입니다.

폴 필 | 1884 | 캔버스에 유채 | 43.2×35.9cm | 온타리오 미술관

Well begun is half done.

시작이 반이다.

−아리스토텔레스

실패가 두려울 때

니콜라이 듀보브스코이 Nikolai Dubovskoi
폭풍 전 고요 Calm Before the Storm

성공에 대한 막연한 두려움은 누구나 자연스럽게 경험합니다. 사실 거의 평생 우리와 함께 한다고 해도 과언이 아니지요. 하지만 도전하기도 전에 두려움부터 생기면 좋은 결과를 얻기 힘듭니다.

이번 그림은 막연한 두려움에 시달리는 분들을 위한 포근한 느낌의 작품입니다.

니콜라이 두보브스코이 | 1889~90 | 캔버스에 유채 | 85.6×133cm | 러트거스 대학 짐머리 미술관

차가워 보이는 수면 위로 몽실몽실한 구름이 두텁게 드리워져 있습니다. 분명 구름으로 뒤덮여 있는데도 수면에 반짝 햇살이 비칩니다. 잔잔한 수면이 마치 유리처럼 날카롭고 차가운 느낌이라 평소 막연한 두려움에 시달리는 사람이라면 '물에 빠지면 얼마나 추울까?'라는 생각이 들 것 같습니다.

그럴 때는 잠깐 그 위에 드리워진 폭신한 구름을 보세요. 구름인데 솜뭉치처럼 두터우면서 아주 포근해 보여 나를 두려움으로부터 부드럽게 감싸줄 것 같습니다. 이 구름이 이 작품의 힐링 포인트입니다.

그림 속 구름이 주는 심상은 어떻게 두려움을 없애줄까요? 우선 미국의 심리학자 해리 할로우Harry Harlow의 유명한 '원숭이 실험'을 잠시 얘기하겠습니다.

해리 할로우 박사는 갓 태어난 아기 원숭이를 헝겊으로 감싼 모형 엄마 원숭이, 철사로 감싼 모형 엄마 원숭이가 있는 우리 안에 들여보냈습니다. 젖병은 철사로 감싼 모형에 두었습니다. 아기 원숭이는 처음에는 젖병이 있는 쪽으로 갔지만, 곧 헝겊 원숭이 품에 안겼습니다.

이 실험은 스킨십이 정서적 안정을 불러온다는 사실을 말해줍니다. 원초적 감각에 솔직한 아기 원숭이가 우유를 주는 '철사 엄마' 대신 감촉이 부드러운 '헝겊 엄마'를 선택한 이유는 훨씬 편안했기 때문입니다.

실제 저희 연구원도 소외계층 아이들과 미술치료를 진행했는데, 상담이 끝나는 날 헝겊 인형을 주었더니 아이들이 무척 좋아하며 인형을 꼭 껴안고 얼굴을 부볐다고 합니다. 부드러운 천의 촉감, 그 스킨십이 주는 정서적 안정감은 막연한 두려움에 떠는 사람에게도 동일한 효과를 줍니다.

니콜라이 듀보브스코이의 〈폭풍 전 고요〉가
두려움을 가라앉히고
편안한 마음을 되찾고 싶을 때 좋은 이유입니다.
어릴 적 보드라운 헝겊 인형이 주었던
위로와 따뜻함을 그대로 느껴보기 바랍니다.

나를 믿는 힘이 필요할 때

고영훈
낮달

어떤 일을 하든 자신감이 있어야 성공합니다.

스포츠 중계를 보면 그 경기의 MOM(Man of the Match, 수훈 선수)을 뽑아 인터뷰를 합니다. 선수들은 경기 직후 지쳤지만 그래도 자신감 넘치는 모습입니다. 수능 만점자 인터뷰, 성공한 기업 CEO의 강연 등을 봐도 모두 자신감으로 빛이 납니다. 그럼 이런 자신감이 떨어졌을 때는 어떻게 해야 할까요?

자존감이나 자신감은 자존심과는 조금 다른 개념입니다. 거친 분류지만, 자존감이나 자신감은 '내가 나를 어떻게 생각하는가'와 관련이 있고, 자존심은 '남이 나를 어떻게 생각해주기를 바라는가'와 관련이 있다고 생각하면 더 이해가 쉬울 것 같습니다. 때문에 자존심에 난 상처는 비교적 쉽게 극복할 수 있지만, 자존감이나 자신감이 떨어지면 회복이 더딘 경우가 많습니다.

그럴 때는 고영훈의 〈낮달〉을 추천합니다.

깨끗한 흰색의 달항아리만 그려진,
정갈하고 깔끔한 그림입니다.
그냥 바라보고만 있어도
조용한 침묵에 잠겨 쉴 수 있을 것 같습니다.

하지만 이 작품을 고른 건 이 때문만은 아닙니다.

고영훈 | 2022 | 석고와 캔버스에 아크릴 | 152.5×130.5cm | 개인소장

이 작품은 유약의 광택, 물레질의 흔적, 주둥이의 아름다움으로 사진인가 싶은 물성을 보여주면서도, 주둥이 양옆으로 흐르는 곡선이 겹쳐진 듯한 윤곽과 아주 흐릿한 그림자 때문에 실존감이 희미합니다. 분명 달은 달인데 이상하게 현실감이 부족한, 말하자면 낮달 같습니다.

아침이나 점심에 잠시 바라본 하늘에서 달을 발견하고 신기해서 옆 사람에게 '야, 저기 달이다'라고 말해 본 경험이 분명 있을 것입니다.
낮달은 참 신기한 존재입니다. 분명 거기에 있지만 대부분은 보지 못합니다. 드물게 보는 사람도 있지만 낮에 뜬 달은 잠시 기분전환에 도움이 되면 그뿐, 나에게 크게 영향을 끼치는 존재는 분명 아닙니다.

하지만 적당한 시간이 되면 있는지 없는지 존재 유무조차 사람들의 관심에서 비껴있었던 낮달이 하늘의 주인으로 바뀝니다. 사람들의 소원을 들어주기도 하고, 어두운 길을 비춰주고, 역사에 남을 예술 작품의 모델이 되기도 합니다.

이 그림을 보며 그저 달항아리가 주는
정신적 쉼을 즐겨도 좋습니다.
하지만 자신이 부족하게 느껴지거나 자신감이 떨어진 상태라면
'이 낮달이 나와 같다'고 되뇌어 보세요.
그리고 때를 만나 빛날 여러분을 상상해 보세요.

휴식이 필요해

앙리 마티스 Henri-Émile-Benoit Matisse
꿈 The Dream

하루 종일 긴장하고 지친 몸으로 이불 속을 파고들 때, 그 순간을 세상에서 가장 편안하다고 느낀 적이 있을 겁니다. 마티스의 〈꿈〉은 마치 그 순간의 편안함에 잠긴 듯, 보고 있는 것만으로 심신을 이완시키는 효과가 있습니다.

앙리 마티스 | 1935 | 캔버스에 유채 | 81×65cm | 퐁피두센터

옷을 걸치지 않았다는 것은 가장 본연의 자유로운 상태인 동시에 안전한 공간에 있음을 뜻합니다. 누가 금방이라도 들어올 것 같은 공간이었다면 오히려 긴장감이 들었을지도 모릅니다. 하지만 여인은 편안히 눈을 감고, 안전하고 평안한 느낌으로 자신만의 시간을 충분히 즐기고 있습니다.

구도상으로는 여인의 길게 늘어진 팔이 눈에 띕니다. 잠든 아이들을 보면 정말 제멋대로 팔다리를 던져놓고 잡니다. 아주 자유롭습니다. 어른들 중에도 '잘 잔다'는 사람을 보면 자세가 풀어져 있는 경우가 많습니다. 그렇기 때문에 정확한 비율을 지키는 대신, 한쪽 팔을 비대칭으로 크게 넣은 이 그림의 구도가 우리에게 깊은 잠에 빠진 편안함을 전이합니다.

이 그림의 색상도 기분전환에 도움이 됩니다. 피부는 분홍색으로 심리적 안정을 주며 어느 하나 자극적인 요소가 없습니다. 파란색은 수면을 촉진하는 색으로, 파랑 침대에 몸이 푹 감싸인 상황이 더 없는 안정감을 줍니다.

주어진 현실을 극복하는 힘

파울 클레 Paul Klee
황금 물고기 The Golden Fish

TV 오디션 프로그램을 보다 보면 참 다양한 도전자들이 있습니다. 그 중에서도 어려운 환경을 딛고 선 사람들은 우리에게 특별한 감동을 줍니다.

가정형편 때문에 고시원에서 먹고 자면서도 기타를 놓지 못한 사람, 노래하겠다는 꿈을 잠시 접고 배관공, 피자집 아르바이트 등 생계에 매진했던 사람도 있습니다. 휴대폰 판매원에서 일약 세계적인 오페라 스타가 된 폴 포츠Paul Potts, 47세의 나이에 장애와 외모에 대한 편견까지 모두 딛고 세계적 가수로 우뚝 선 수전 보일Susan Boyle이 대표적입니다.

고난을 극복하고 성공한 사람들의 이야기는 모두의 가슴속에 나도 할 수 있다는 용기와 희망을 주기 때문에 꼭 그 사람들만의 것은 아닙니다. 주어진 현실을 극복할 힘이 되어 주거든요.

이 그림도 그런 힘이 있습니다.

한없이 어둡고 깊은 심해. 생명의 온기라고는 찾아볼 수 없는 이곳에서 물고기 한 마리가 빛을 발하고 있습니다. 색만 도드라지는 게 아니고 커다랗기까지 합니다. 가장자리로 시선을 돌리면 다른 물고기들은 어둠에 묻혀 있습니다. 분명 다른 물고기들과 마찬가지로 심해에서 자랐을 텐데, 전혀 다른 모습입니다.

어둡고 힘들다고 주변 환경을 회피하지 않고
그 자리에서 묵묵히 극복하여 마침내는 한가운데에서
환하게 빛나는 모습이 아름답습니다.

몸과 마음이 힘들 때는 많습니다. 하지만 가장 힘들고 극복이 어려운 건 남과 비교해 내 환경과 처지가 부족하다고 느낄 때입니다. 내가 선택하지 않은, 그저 주어진 환경에 대한 원망과 미움이 생기기 때문입니다. 상담을 오신 분들 중에도 자기 상황과 환경 때문에 힘들어 하는 분이 정말 많습니다. 남들은 부모님이 다 지원해 준다는데 나는 내가 벌어서 해야 한다는 사람, 남이 승진한 이유는 '빽' 때문이라고 생각하는 사람도 있습니다. 청소년이라면 외모에 대한 불평도 많습니다. 머리가 크고, 여드름도 많고, 부모님을 닮아 키도 작다는 내용입니다.

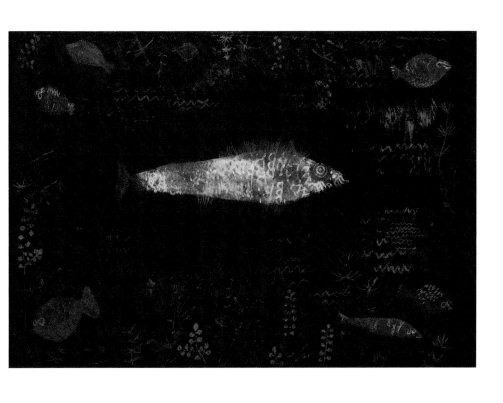

파울 클레 | 1925 | 판지를 댄 종이 위에 유채 및 수채 | 50×69 cm | 함부르크 미술관

하지만 나는 가난하니까, 몸이 불편하니까, 배관공이니까 하며 아무 시도도 하지 않는다면, 정말 그 상태에 머무르겠지요. 환경은 분명히 나에게 영향을 줍니다. 하지만 내가 환경을 나아지게 할 수도 있습니다. 깜깜한 해저에 빛이 된 저 황금 물고기처럼요.

미술치료에서도 어려운 환경에 대한 원망이 들 때는, 현실에서 내가 할 수 있는 가장 가까운 일을 찾아보게 합니다. 예를 들면 장점과 단점을 그림으로 표현하는 일입니다. 나의 라이프스토리를 칠판에 그래프로 자유롭게 그려보기도 합니다. 그동안 해왔던 일을 분류하고 나를 이루는 건 어떤 것들인지, 어떤 전환점이 있었는지를 짚어볼 수 있습니다. '넌 그렇지 않아. 좋은 점이 많아'라고 말해주는 것보다, 자신을 스스로 인식하는 게 더 중요합니다. 이렇게 진정한 현실을 인식하면, 그다음으로 현실에서 직접 해야 할 일은 무엇인지를 그려봅니다. 점토로 만들거나 그림을 그리고 꾸미다 보면, 마냥 원망스럽고 앞이 캄캄하던 상황에서 할 수 있는 일들을 찾게 됩니다.

환경이란 내가 어디를 갈 수 있는지 정하는 것이 아니라,
어디에서 시작할지를 결정할 뿐입니다.

새로 시작할 용기

전미선
KOI 384

MZ세대(밀레니얼-Z세대, 1981년~2002년 출생자를 통칭하는 말)를 전문으로 연구하는 대학내일20대연구소에서 현재 직장에 다니는 남녀 1,100명을 대상으로 한 '2021 세대별 워킹 트렌드' 보고서에 따르면, 70%가 넘는 Z세대 직장인들이 향후 예상 근속연수가 3년이 넘지 않을 것이라고 응답했다고 합니다. 또 하나보다 여러 개의 직업을 더 선호한다는 대답도 40%가 넘었습니다.

하나의 일에 집중적으로 매진하는 것보다 필요에 따라, 또 흥미의 변화에 따라 이직을 하거나 아예 직종을 바꾸는 경우도 흔해졌습니다. 바꿔 말하면 새로운 것에 도전할 기회가 많아진 것은 물론, 도전의 필요성도 커졌다고 할 수 있습니다.

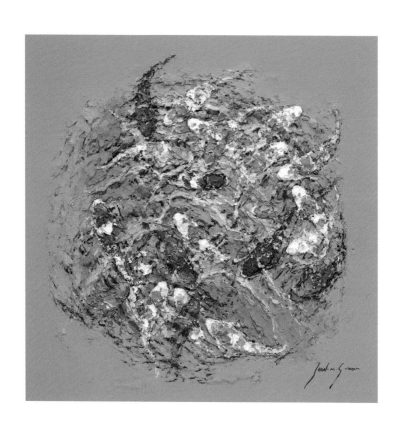

전미선 | 2020 | 캔버스에 유채 | 91×91 cm | 개인소장

하지만 늘 기껍게, 그저 즐겁고 신나는 마음으로 도전할 수 있는 것은 아닙니다. 항상 '내가 잘할 수 있을까' 하는 두려움과 겁이 새로운 도전 곳곳에 도사리고 있게 마련입니다.

이번에 고른 그림은 그런 망설임과 두려움이 찾아올 때, 살짝 등을 밀어줄 그림입니다.

동양에서 잉어는 오랫동안 즐겨 그려진 모티프입니다. 잉어의 수염과 비늘이 용과 유사하고, 폭포를 거슬러 오르는 데 성공한 잉어는 용이 된다는 믿음 때문에 이를 표현한 그림은 곧 관운, 행복, 급제, 성공 등을 상징했습니다. 그러니 여러 마리의 비단잉어가 모여 있는 이 그림은 무언가를 새로 시작하거나, 다시 시작할 사람에게 최고로 힘이 되는 그림입니다.

마치 먹이를 향해 모여든 물고기들의 치열한 펄떡임이 느껴지는 것 같습니다. 수면의 색과 비단잉어의 무늬에 사용된 선명한 색의 대비가 정신을 깨워줍니다. 민트색 물이 상쾌하면서도 청량하고, 동시에 비단잉어의 주황, 빨간색이 약동하는 젊음, 열정과 힘을 전달합니다.

새로운 도전 앞에서 우물쭈물 망설여질 때는,
이 그림을 들여다보세요. 걱정하지 말고
앞으로 나아가라고 힘을 더해줄 것입니다.

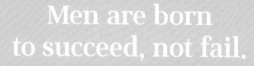

Men are born
to succeed, not fail.

사람은 실패가 아니라
성공하기 위해 태어난다.

—헨리 데이비드 소로우

왜 나만 이렇게 힘들까?

루돌프 리터 폰 알트 Rudolf Ritter von Alt
알저보아슈타트의 풍경 View of the Alservorstadt

이 그림은 '왜 나만 힘든 것 같을까' 머릿속이 복잡한 사람에게 힘과
위로를 주는 작품입니다. 때로는 한 발자국 뒤로 물러나 상황을 객관적
으로, 냉정하게 바라보는 것도 필요합니다. 이 그림 속 소녀처럼요.

루돌프 리터 폰 알트 | 1872 | 수채 | 27.6×38.8cm | 알베르티나 미술관

173

사실은 수십만 명이 나처럼 고생하고 고민하고 있습니다. 그들도 때로는 비관적인 생각에 빠져 허우적댈 때도 있을 것입니다. 그러니 '왜 나만 힘들까?'라는 생각은 할 필요가 없습니다.

이렇게 냉정함과 침착함을 되찾으려면,
그림으로 나 자신을 객관화해보는 것도 좋습니다.
높은 창문에서 저 아래 길가의 시끌벅적한 사람들을 바라보는
소녀의 시야를 가져보세요. 한 발 떨어져서 내려다보는 대신
저 길 위에 있었다면 깨닫지 못했을 사실이 있을 겁니다.

정적인 분위기의 마을 전경을 그렸지만, 과감한 화면 분할과 구성으로 지루하지 않은 좋은 작품입니다. 눈에 띄는 것은 오른쪽 창가에 있는 소녀의 자세입니다. 저 아래 풍경을 차분하게 관조하고 있습니다. 턱을 괸 멍한 자세도 아니고 그렇다고 고개를 쭉 내민 아슬아슬한 자세도 아닙니다. 팔짱을 끼고 안정적인 모습으로 조용히 아래를 내려다보고 있습니다.

부담스럽지 않은 파란 하늘, 너무 진하지 않은 녹색에 전체적인 톤은 브라운으로 차분한 색감입니다. 현재 상황과 잠시 거리를 두기에 참 알맞은 색감과 구도를 갖춘 작품입니다. 이 그림으로 현재가 주는 압박에서 벗어나 침착함과 냉정함을 찾길 바랍니다.

질투는 나의 힘

헤리트 반 혼토르스트 Gerrit van Honthorst
발코니의 음악대 Musical Group on a Balcony

예전에 대학에 수시 전형으로 합격한 학생이 자신도 모르는 사이 합격 취소를 당한 황당한 사건이 있었습니다. 알고 보니 SNS로 친구를 맺은 재수생의 소행이었습니다. 자신이 원하던 대학에 합격한 친구를 질투한 재수생이 친구의 개인 정보를 수집해 해당 학교 홈페이지에서 합격을 취소시킨 것입니다.

질투의 민낯을 보여주는 극단적인 일화지만, 사실 우리 마음을 뒤숭숭하게 만드는 것 중 하나가 바로 나보다 먼저 내가 원하는 것을 이룬 이들에 대한 질투와 부러움입니다.

축하보다도 먼저 고개를 드는 이 마음을 다스리려면, 도대체 어떻게 해야 할까요?

헤리트 반 혼토르스트의 〈발코니의 음악대〉를 보겠습니다. 재미있게도 이 그림은 그림을 바라보는 우리가 발코니를 올려다보는 구도입니다. 악기를 퉁기며 노는 악단이 나를 내려다봅니다. 앞서가는 이에 대한 부러움이나 질투 때문에 상담을 하는 분들은 이 그림이 자신의 마음을 대변하는 것 같다고들 합니다. 내 몸은 여기 아래 있는데, 빨리 저기까지 가서 위에서 같이 놀고 즐기고 싶은 마음이 들어 힘들다고 합니다.

그런데 타인에게 느끼는 부러움은 꼭 나쁜 것만은 아닙니다. 심리학자들은 부러움을 악의적 부러움malicious envy과 선의적 부러움benign envy 두 가지로 분류하는데, 선의적 부러움은 다른 사람의 성공에 자극받아 자기도 그렇게 되고자 노력하는 강력한 동기가 됩니다.
2011년 네덜란드에서 진행된 연구에서 200명이 넘는 대학생에게 선의적 부러움을 유발하자, 좋은 점수를 받고자 더 의욕을 보였다고 합니다.

감탄과 질투심을 비교하면 감탄이 기분은 더 좋습니다.
하지만 부러움에서 오는 고통이 의욕 상승에는 더 도움이 됩니다.

헤리트 반 혼토르스트 | 1622 | 패널에 유채 | 309.9×216.4cm | 게티 미술 박물관

반면 악의적 부러움은 질투의 대상을 깎아내리고 내가 갖지 못하는 것은 남도 갖지 못하게 하는 부정적 방향을 띱니다. 이런 사람들은 흔히 말합니다.

"똑같이 준비하고 똑같이 놀러 다녔는데 왜 걔는 잘 되고 나는 안 될까요?"

하지만 아무리 함께했어도 그 사람의 과정을 다 알 수는 없다는 사실을 기억해야 합니다.

제 주위에 TV 출연, 잡지 인터뷰, 초청 강연 등으로 이름이 잘 알려진 교수 한 분이 있습니다. 대중에 얼굴이 알려져 있으니 당연히 주변 분들은 부러워합니다. 하지만 이 교수는 잠 못 자고, 가족 못 챙기고, 주말 내내 허겁지겁 스케줄 다니다 링거를 맞기도 합니다. 많은 사람이 이 정도의 노력은 하기 싫거나 아예 보지 못하고, 성공적인 결과에만 초점을 두고 자신과 타인을 비교하기에 쉽게 열등감을 느끼고 분풀이를 하게 됩니다.

《월스트리트저널》은 악의적 부러움의 덫에 걸리지 않기 위해 자신이 성취한 것을 차근히 되뇌고 경쟁자의 계획을 파악하는 것이 도움이 된다는 연구를 소개했습니다. 이 역시 결과에 이르기까지의 과정을 살펴보는 작업입니다.

다른 사람의 성취를 보고 생기는 시기심은 당연한 감정입니다. 이를 무조건 불편하고 나쁘다고 여겨 자책할 필요 없습니다. 다만 그 감정을 어떻게 활용하느냐는 여러분의 마음가짐에 달렸습니다.

발코니의 악단을 올려다보며 '허구헌 날 놀고먹는 주제에······.' 라고 생각하며 저들을 깎아내릴 수도 있지만, '아, 즐거워 보여. 나도 올라가서 같이 즐기고 싶어.' 라는 생각에 더 노력할 수도 있습니다.

여러분은 그림을 보며 어떤 생각을 하나요?

Un jaloux
trouve toujours plus
qu'il ne cherche

질투심 많은 사람은 항상
자신이 찾는 것보다 더 많은 것을 찾는다.

—마들렌 드 스퀴데리

방전돼버린 심신을 위한 풍경

카스파르 프리드리히 Caspar David Friedrich
저녁 Evening

이 그림은 아무 생각 없이 그냥 볼 수 있다는 점에서 제 역할을 다 한 작품입니다. 야근을 하거나 밤늦게까지 공부하는 분들에게는 드문 경험이겠지만, 집에 돌아가는 길에 붉게 물든 노을을 바라보면 기분이 좋아지고 평온해집니다.

노을을 자주 보기 어려운 분이라면 이 그림에서 평화로운 심상을 느껴
보세요. 그리고 이런 생각들을 해보세요.
'매일 볼 수 있는 노을이 아닌데 운이 참 좋구나.'
'해가 저무는 걸 보니, 생생하게 살아 있는 느낌이야.'
'오늘도 잘 마무리했다. 내일 또 새롭게 시작해야지.'

특별한 풍경이 아니라 이 그림은 더 특별합니다.
무언가에 집중하거나 찾을 필요가 없기 때문입니다.
그저 바라보는 것만으로도 마음을 지그시 다독여주고,
지친 몸과 마음을 말없이 충전해주는, 그런 그림입니다.

하지만 혼자가 아닙니다

시드니 롱 Sydney Long
평원의 혼 The Spirit of the Plains

지금도 기억에 남는 상담자가 있습니다. 택시기사 한 분이 찾아와 서럽게 울면서 '스물두세 살의 여자들을 태우면 예쁜 옷 입고 즐겁게 놀기 바빠 보이는데 또래인 딸은 오늘 머리를 밀었다'고 했습니다. 나가면 사람을 만나야 하는데 머리를 밀면 아무도 안 만날 거라면서요.

법대생이었는데 고시원에 들어가겠다며 머리를 민 딸이 너무 마음 아팠다고, 여러 손님과 만나다 보면 한참 꾸미고 즐길 나이에 세상과 단절한 딸이 떠오른다고 했습니다.

시드니 롱 | 1897 | 캔버스에 유채 | 62×131.4cm | 퀸즈랜드 미술관

더 나은 내일을 위해서라고 해도, 오늘의 즐거움을 등지기란 너무 힘듭니다. 혹시 지금 그런 상황에 있다면 이 그림이 마음을 보듬어줄 수 있기를 바랍니다.

그림에 다른 사람의 흔적은 없습니다.
하지만 혼자가 아닙니다.
새와 갈대와 자연이 몰려와 밀어주고 함께 움직입니다.
평원에서 홀로 옷을 벗고 자신을 마주하고 있는 당신,
또 다른 세계로 들어가는 당신을
방해하지 않기 위해 등 뒤를 지키고 있습니다.

소외된 인간관계가 마음을 아프게 하는 날에는 이 그림이 주는 조용한 위로의 시간에 잠겨보세요.

중요한 면접이나 미팅을 앞두었다면

헨리 통크스 Henry Tonks
모자 가게 The Hat Shop

꼭 면접이 아니더라도 중요한 사람을 만나 설득을 하거나 제안을 하는
일은 사회생활을 하며 흔하게 있는 일종의 시험입니다. 사람의 마음을
얻고 설득하는 일은 나 혼자 공부한다고 되는 일은 아닙니다.

이 그림은 중요한 미팅이나 면접을 앞두고 내 자신을 기분 좋게 점검하
도록 도와줄 것입니다.

헨리 통크스 | 1892 | 캔버스에 유채 | 67.7×92.7cm | 버밍엄 박물관 및 미술관

제일 앞쪽에 검은 옷의 여자가 아마도 이 가게 점원이나 주인인 것 같습니다. 손님이 어울리는 모자를 골랐는지 확인하는 눈빛이 마치 면접관이나 심사관 같기도 합니다. 왼쪽의 두 여자는 서로 고른 모자를 봐주는 것 같습니다.

진지하게 모자를 고르는 여인들의 모습에서 '나는 지금 제대로 준비가 되었나?' 하는 질문을 떠올릴 수 있습니다.

거울을 볼 때가 아니라면, 예쁜 모자는 상대를 위한 장신구입니다. 보온의 목적이라면 아무 모자나 꾹 눌러쓰면 그만이니까요. 이 그림은 나 자신을 가장 잘 표현하는 옷, 헤어스타일, 말투는 무엇인지 한번 곰곰이 생각하게 합니다. 이런 것들을 깊이 생각해보고 신경을 쓰는 것과 그렇지 않은 것 사이에는 결과적으로 분명 큰 차이가 있습니다.

미술치료대학원 지원자들의 면접을 봤을 때 일입니다. 한 학생이 상당히 인상적이었는데, 그 학생이 했던 말, 태도, 얼굴 등이 아주 또렷하게 남았습니다. 그 학생이 대학원에 합격한 후 나중에 물어보니 미용실에 가서 "가장 똑똑해 보이는 머리로 해주세요."라고 했다고 합니다. 학생의 이런 마인드가 면접 때 긍정적인 인상을 남기고, 결국 대학원 합격으로 이어졌다고 믿습니다.

면접, 미팅 모두 길지 않은 시간입니다.
짧은 시간에 나를 어필하려면
어떤 것이 가장 나다움을 보여주는지 고민해야 합니다.
그리고 이 그림이 그 고민을 즐겁게 할 수 있도록,
답을 찾을 수 있도록 작은 도움을 줄 것입니다.

한 가지 팁을 드리겠습니다. 모두가 선택하는 무채색보다는 내 피부톤
과 헤어스타일, 머리 색에 어울리는 강렬한 색을 선택하면 굳은 의지와
열정을 보여줄 수 있어 좋습니다. 저는 잘 어울리기만 한다면 보통 면
접 의상으로 추천하지 않는 빨간색이나 보라색도 기꺼이 선택하라고
권합니다. 너무 옅어서 희미해 보이는 것보다 확실한 인상을 줄 수 있
을 것입니다.

지금 거울 앞에 한번 서보세요. 그리고 머리끝부터 발끝까지 찬찬히 나
를 살펴보세요. 어떤 모습이 가장 나를 돋보이게 만들까요?

확실하고 견고한 무언가가 필요할 때

야코프 반 훌스동크 Jacob van Hulsdonck
레몬, 오렌지, 석류가 있는 정물 Still Life with Lemons, Oranges and a Pomegranate

항상 의지가 충만한 상태면 얼마나 좋을까요? 하지만 늘 의욕적이기는 쉽지 않습니다. 지금에 대한 회의나 앞날에 대한 불안이 엄습할 때도 있고, 마음이 약해져 사소한 일 하나에도 타격을 받을 때도 있습니다.

의지가 점점 약해진다며 상담을 오는 분들은 자신에 대한 믿음이 흔들리고 있는 경우가 많습니다. 그런 분들은 아주 확실하고 견고한 무언가를 갈망하는 상태라, 이 그림의 단단히 영근 과실과 풍성함 자체에 힘을 얻습니다.

풍족하게 꽉 찬, 차분하고 고귀한 파란색의 그릇입니다. 이 그릇을 내가 계획한 틀이라고 생각해보세요. 안에는 정말 많은 것들이 담겨 있지만 하나도 곯거나 빈약하지 않습니다. 손에 쥐면 묵직함이 고스란히 느껴질 것 같습니다. 열매를 갈라 봐도 마찬가지입니다. 석류 속의 튼튼한 알갱이들도 당도 높아 보이는 먹음직스러운 붉은색입니다.

내 계획과 생각에 이렇게 실한 열매들이 맺히고 꽃과 잎이 피어나 조화를 이룰 것이라는 긍정적 믿음을 주는 그림입니다.

이 그림의 힘은 지친 오감을 새롭게 자극하는 색감에서도 찾을 수 있습니다. 초록, 노랑, 빨간색이 자연스럽게 어울립니다. 특히 오렌지와 레몬의 노란색이 시각을 집중시키는데, 과실의 사실적인 표현에서 새콤달콤한 향기와 침샘을 자극하는 공감각적인 자극도 얻을 수 있습니다.

개인적으로 저는 그릇에 잡동사니 대신
알록달록한 과일을 쌓아 담아두곤 합니다.
단지 그것뿐인데도 그 색감과 풍성함이 주는 효과가 대단합니다.

야코프 반 홀스동크 | 1620~40 | 패널에 유채 | 41.9×49.5cm | 게티 미술 박물관

여러분의 공간에도 과일을 놔둬보세요. 더 효과적인 팁을 알려드리겠습니다. 바구니나 컵보다는 속이 다 보이는 그릇을 고르세요. 높이가 길쭉한 유리병에 레몬을 가득 담아두면 자꾸 손이 가서 까먹는 과일도 아니니 집중에 방해되지 않으면서도 시각적으로 신선하고 상큼한 자극을 줄 것입니다. 가끔은 즙을 짜서 맛봐도 피로 회복에 좋습니다.

최고의 기억 습관

피에트 몬드리안 Piet Mondriaan
콤퍼지션 No.2 Composition No.2 / **콤퍼지션 No.6** Composition No.6

아는 것을 되풀이해 복기하는 습관이야말로 가장 과학적인 암기법이
라는 사실을 알고 있나요?

망각이란 머릿속 기억을 인출하는 데 실패한 것입니다. 독일의 심리학
자 헤르만 에빙하우스Hermann Ebbinghaus는 「기억에 관하여」라는 논문
에서, 기억하려는 시도가 없을 때 망각은 급격히 진행되어 인출되는 양
이 'ㄴ'자 곡선을 그리면서 줄어든다고 했습니다. 이를 '에빙하우스의
망각곡선'이라고 합니다.

하지만 회상력이 크게 떨어지기 전에 같은 내용을 다시 복습하면 망각 곡선이 완만해지고, 이를 네 번 정도 반복하면 이 정보는 장기기억으로 전환됩니다. 즉 새 정보가 들어오고 10분 뒤, 하루 뒤, 그 일주일 뒤, 그 다음 한 달 뒤, 이렇게 반복해서 네 번을 복습하면 그 정보를 훨씬 더 잘 기억할 수 있다는 것입니다. 그래서 시험 준비를 하거나 무언가를 기억 해야 할 때는, 지루하고 따분할 수 있지만 규칙과 반복적인 틀 속에 학습 패턴을 맞추는 일이 중요합니다.

사실 규칙을 정해도 이러저러한 사정과 이유로 계획에 맞춰 움직이지 못할 때가 많습니다. 그래서 저는 규칙적으로 생활해야 하는 사람들에 게 몬드리안의 그림들을 가까이 두라고 권합니다.

몬드리안은 칸딘스키와 함께 추상화의 양대 산맥을 이루는 화가입니 다. 칸딘스키의 작품을 '뜨거운 추상'이라고 부르는 것과 비교해 '차가 운 추상'이라고 부릅니다. 칸딘스키가 다양한 선과 강렬한 빛깔로 표 현이 풍부한 편이라면, 몬드리안은 절제된 논리적 질서를 따르기 때문 입니다. 〈콤퍼지션〉 시리즈를 봐도 그렇습니다. 수직과 수평의 선을 이 용한 구조적인 표현이 마음을 질서 있게 정리하는 데 도움을 줍니다. 그러면서도 색을 활용해 지루하지 않습니다.

콤퍼지션 No.2 피에트 몬드리안 | 1913 | 캔버스에 유채 | 88×115cm | 크뢸러 뮐러 미술관

콤퍼지션 No.6 피에트 몬드리안 | 1914 | 캔버스에 유채 | 88×61cm | 헤멘터 박물관

그림에서도 볼 수 있는 선 긋기는
실제 미술치료에서도 자주 활용하는 방법입니다.

주의력 결핍 장애ADHD 아이들이나 무슨 일을 해도 틀을 너무 무시해서 고민인 사람에게는 주관적 내면 표현 대신 똑바로 줄 긋기, 네모 칸 맞추기, 점토를 똑같은 크기의 구로 만들기 등, 객관적인 표현을 하게 합니다. 간단하지만 일정한 양을 맞춰야 하고, 집중력이 필요한 작업이라 규칙 준수가 어려운 사람에게 도움이 됩니다.

자신이 정한 규칙을 지키기 어려운 상태라면 몬드리안의 그림을 가까이 두고 보세요. 효과가 있을 것입니다.

최적의 체력 관리란?

라울 뒤피 Raoul Dufy
붉은 바이올린 The Red Violin

흔히 스트레스를 정신의 영역이라고 생각해 방치하는 경우가 많습니다. 하지만 건강을 가꾸고 싶다면 스트레스를 소홀히 해서는 안 됩니다. 과도한 스트레스를 받으면 몸에 여러 가지 이상 증상이 나타납니다. 자율신경계의 변화가 생기고, 면역기능이 저하되며, 호르몬이 비정상 분비를 보입니다. 스트레스는 책임감과 창의력 저하, 과제 수행 능력과 업무 실적의 저하, 음주나 흡연에의 과도한 몰입과도 연관이 있습니다. 이 때문에 보완대체의학에서는 특별한 질병이 없더라도 스트레스 상태를 '불건강' 상태라 하여 관리 대상으로 여깁니다.

스트레스 문제로 찾아온 상담자들이 많이 고르는 그림이 바로 이 그림, 라울 뒤피의 〈붉은 바이올린〉입니다.

이 그림에는 없는 것이 하나 있는데, 무엇일까요?

라울 뒤피 | 1948 | 캔버스에 유채 | 38.5×46cm | 퐁피두센터

바로 바이올린의 활입니다.

활은 바이올린이 정확한 선율을 내는 데 쓰는 도구입니다. 하지만 그림에는 활이 없습니다. 그냥 손으로 팅팅 뜯어봐도 되고, 바이올린 몸통을 휙휙 흔들어도 될 것 같습니다. 악보에 마구 그어진 음표에서는 즉흥적이고 신나는 음악이 느껴집니다. 꼭 잘해야 한다는 압박보다는, 그저 재미있고 편안하게 즐기면 될 것 같은 안심을 주지요. 정교하지 않은 펜선, 굳이 테두리에 딱 떨어지게 맞추지 않은 채색도 마음을 편하게 합니다.

이 그림은 집중도를 떨어뜨리지 않으면서 스트레스를 푸는 효과가 있어 더욱 좋습니다. 붉은색을 중심으로 활용했는데, 붉은색은 기본적으로 혈압과 체온, 신경조직을 모두 자극하는 색이라 사람을 흥분시키는 동시에 해소도 시키는 양가적 기능이 있습니다.

그저 쉬고 싶을 때는 푸른색 계열이 좋지만,
지금 하는 일에 몰두한 상태에서 스트레스가 극적일 땐
오히려 붉은색을 보는 게 좋습니다.

이 그림은 어두운 배경과 대비되는 바이올린의 붉은색이 근육 긴장을 부드럽게 이완시키는 분홍과 해소의 기운이 있는 흰색과 조화를 이룹니다. 스트레스를 반영하지만 또 그것을 풀어주는 좋은 그림입니다.

자신감을 최대치로 끌어올리기

이스트먼 존슨 Eastman Johnson
내 뒤에 남기고 온 소녀 The Girl I Left Behind Me

상담 오는 초등학생들이 특히 많이 고르는 그림입니다. 많은 명화 중에서 콕 집어 이 그림을 고르는 아이들이 많습니다. 또래 어린아이가 단독으로 그려진 명화가 드물어서인지, 마치 자신이 주인공이 된 듯한 느낌을 받는 것 같습니다. 아이들은 바람이 불어도 그림의 소녀는 날아가지 않을 것 같다고 이야기합니다.

상담 온 아이들은 처음 학교라는 사회생활을 경험하며 성적, 외모 등으로 스트레스를 받는다고 합니다. 한마디로 자신감이 매우 떨어져 있는 상태인 아이들이 이 그림을 고른다는 사실은 의미하는 바가 큽니다. 그림을 고르고, 고른 이유를 설명하며 잃었던 자신감을 회복하기 때문입니다. 그 과정에서 이 작품이 지닌 힘을 새삼 깨닫게 됩니다.

그림 속 아이의 당당한 시선과 자세가 보는 이의 자신감까지 북돋워줍니다. 날씨가 흐리고 바람도 세차 보이지만 아이는 꼿꼿하게 서 있습니다. 책을 꼭 끼고 어두운 망토를 두른 모습이 영화 〈해리 포터〉 시리즈의, 항상 자신감 넘치는 우등생 헤르미온느를 연상시키기도 합니다.

한 TV프로그램에서 KBS 공채 개그맨 시험을 준비하는 사람들의 모습을 보여준 적이 있습니다. 부담과 긴장이 엄청난데, 더구나 심사위원들을 웃겨야 하는 시험이니 얼마나 압박이 심했을까요. 인터뷰에서 '떨려 죽겠다'던 그들은 그러나 막상 시험장에 들어가서는 아무렇지도 않다는 듯 개그 연기를 시작했습니다. 그 무대에서만큼은 자신이 온전한 주인공이라는 자신감 없이는 천연덕스러운 연기를 할 수 없었을 겁니다. 지금껏 열심히 짠 개그와 준비해온 소품, 의상을 최대치로 내보였던 그들에게 박수가 절로 나왔습니다.

자신에 대한 확신이나 자신감이 다소 떨어진 날에는
이 그림을 지그시 바라보세요.
바람을 맞으며 당당히 선 이 소녀의 모습이
마음속 꺼졌던 자신감을 다시 불러일으켜 줄 것입니다.

이스트먼 존슨 | 1872 | 캔버스에 유채 | 106.7×88.7cm | 스미소니언 미술관

망설임 없이 도전할 용기

빅토르 질베르 Victor Gabriel Gilbert
아이의 간식시간 Baby's Snacktime

어느 심리학자의 조사에 따르면 보통 사람은 하루에 4,800여 가지를 생각하는데, 그중 대부분이 걱정이었다고 합니다.

'새로운 회사에 잘 적응할 수 있을까' '오디션에 나가볼까' '내가 이 일을 할 수 있을까'
불확실한 앞일에 대한 걱정이 아예 어떤 일을 시도조차 하지 못하게 발목을 잡는 경우가 많습니다. 이렇게 좀처럼 용기를 내지 못할 때, 나를 움직일 수 있는 건 무엇일까요?

빅토르 질베르 | 1907 | 캔버스에 유채 | 54x65cm | 개인소장

미술치료를 하면서 무언가를 할까 말까 고민하는 사람에게 가벼운 응원을 실어주는 그림으로 저는 〈아이의 간식시간〉을 활용하고 있습니다. 보는 이마다 상황을 여러 가지로 해석할 수 있는 그림입니다.

여러분은 이 개가 어떻게 보이시나요?
마냥 귀여움 받는 반려견이라기보다는, 아이를 지켜줄 수 있을 만한 당당한 존재감이 돋보입니다. 개의 꼿꼿한 몸과 엉겁결에 흐트러진 아이를 비교해보세요. 아이의 표정에는 약간의 걱정과 망설임이 보이는데, 개는 오히려 지긋한 시선으로 한번 해보란 식으로 떠미는 모습이 웃음을 자아냅니다.

홀로 마음을 다잡고 강력한 다짐을 하는 것도 물론 좋습니다. 하지만 상담을 하다 보면 의외로 주위에서 던진 사소한 말 한마디, 행동 하나가 동기로 작용했다는 사람이 많습니다.

"한번 해봐. 밑져야 본전이잖아."
"너 진짜 잘한다."
"너야 당연히 합격하지."

스스로도 할 수 있는 말입니다. 하지만 인정욕구가 있는 우리는 주변의 타인, 3자가 해주는 말에 두 배, 세 배 더 힘을 얻습니다. 말 못 하는 동물의 사소한 몸짓과 눈빛조차 아이가 얼떨결에라도 무언가 할 수 있게 지지하는 힘이 있으니까요.

시도했다 실수를 하더라도 개는 꾸짖을 것 같지 않습니다.
변함없이 사랑을 주는 친구이자 보호자로 곁을 지킬 것입니다.
뒤편에서 자상하고 관심 어린 눈빛으로 지켜보는
어머니와 할머니도 있습니다.
'괜찮다'는 편안한 마음이 들게 하는 그림의 힘입니다.

격려와 위로도 부담이 될 때

장 조제프 자비에 비도 Jean Joseph Xavier Bidauld
모르트퐁텐 파크 The Park at Mortefontaine

중요한 일을 준비할 때는 나도 모르게 무척 예민해지기 때문에 주위 사람들의 작은 말도 무척 신경이 쓰입니다. 설령 응원이나 격려의 말이라도 마냥 편안하지는 않습니다. 응원의 말이 아닌 잔소리라면 스트레스는 더 심해집니다. 잘되라고 하는 말이지만 예민한 상태에서는 간섭으로 느껴지기 때문입니다.

미국 피츠버그의대와 UC버클리, 하버드 대학교에서 열네 살 안팎의 청소년 32명에게 엄마 잔소리를 녹음해 30초간 들려주고 뇌의 활성도를 측정했더니, 부정적 감정을 처리하는 뇌 부분이 활성화되고 전두엽과 두정엽, 측두엽 등 사회성과 관련된 부분은 비활성화되었다고 합니다. 뇌가 스트레스를 받아 소통을 멈췄다는 뜻으로, 혼자 있고 싶다는 신호를 내보낸 것입니다. 실험은 10대 초반 청소년을 대상으로 했지만, 어른들도 크게 다를 것 같지 않습니다.

지금 소개할 그림은 사람을 많이 만나는 CEO, 혹은 50대 상담자들이 '그림 속 풍경으로 가고 싶다'는 이유로 많이 고르는 작품입니다. 뇌가 쉬어야 할 때, 아무 간섭 없는 이 그림을 마음의 피난처로 삼아보는 것은 어떨까요.

바람 한 점 없는 조용한 숲속 호숫가입니다. 마치 거울처럼 어떤 미동도 없는 호수가 인상적입니다. 배가 한 척 떠 있긴 하지만 그 배마저 고요합니다. 호수에 파동을 일으키며 움직이는 대신 조용히 정박해 있습니다. 배에 오르는 사람들도 시끌벅적한 것 같지 않습니다.
여기저기에서 들리는 잔소리에서 벗어나고 싶을 때 이 그림을 지그시 바라보세요. 항상 사람들에 둘러싸여 각종 회의며 미팅이 일상인 CEO들이 쉬고 싶다며 고른 그림이니, 여러분도 침착하게 마음의 평정을 찾을 수 있을 것입니다.

장 조제프 자비에 비도 | 1806 | 캔버스에 유채 | 87.6×128.3cm | 인디애나폴리스 미술관

잔잔한 마음의 평화와 함께 이 작품의 매력 한 가지만 더 소개하겠습니다. 곧게 뻗은 나무들의 정갈하고 단단한 모습이 화려하게 가지를 사방으로 뻗은 꽃나무와는 사뭇 느낌이 다릅니다. 이 나무의 모습에서 지금 잠시 휴식을 취하고 있지만, 결국 원하는 결과를 내야 하는 큰 계획 안에 있다는 사실을 잊지 않고 떠올릴 수 있습니다.

멀리 나가지 않고도 나만의 시간을 가지게 해주는
이 그림의 매력을 한껏 느껴보길 바랍니다

하루 일과를 마치고
집으로 가는 길

빈센트 반 고흐 Vincent van Gogh
론강의 별이 빛나는 밤 Starry Night over the Rhone

걱정, 근심, 불안을 잠재워줄 그림 한 점입니다.

미술치료 상담을 하다 보면 불면증을 앓는 사람, 소음을 듣고 싶지 않은 사람, 마음이 불안한 사람들이 고흐의 〈론강의 별이 빛나는 밤〉을 많이 고릅니다. 임상 현장에서 가장 많이 보여주는 그림 중 하나이기도 합니다.

빈센트 반 고흐 | 1888 | 캔버스에 유채 | 72.5×92cm | 오르세 미술관

첫 번째 『그림의 힘』에서 소개한 〈밤의 카페 테라스〉와 마찬가지로 이 그림은 밤을 묘사하면서 파란색을 사용했습니다. 파란색은 여러 색채 연구가와 생리학자들이 스트레스를 없애는 효능이 있다고 입증한 색입니다. 1940년대 러시아의 과학자 크라코프S. V. Krakov는 적색광과 청색광에 의한 자율신경계의 변화를 실험했는데, 적색광에서는 혈압이 상승하고 흥분된 감정이 발산되는 반면 청색광에서는 혈압이 안정되며 평온한 감정이 생겼습니다.

1958년 미국 캘리포니아 대학의 심리학자 로버트 제라드Robert Gerard 박사는 빨강, 하양, 파랑 3가지 색광에 대한 혈압, 손바닥의 땀, 호흡주기, 맥박, 근육활성도, 심장박동주기, 뇌파, 눈 깜박임 등의 생체 반응을 측정했습니다. 그 결과 청색광이 신경계의 각성안정도, 호흡수와 눈 깜박임 빈도 및 혈압을 감소시켜 행복감과 평안함, 즐거운 생각을 유발한다는 사실이 증명됐습니다.

특히 그림에 쓰인 파랑은 고흐가
"캄캄한 어둠"이라고 표현한 어두운 파란색입니다.
가까이 두면 정신이 안정되고 숙면을 유도하는 효과가 있습니다.

어둠을 밝히는 노랑도 수면을 방해하는 조명이 아니라 물결에 잔잔하게 흘러 마음을 편하게 합니다. 마치 창문을 열었을 때 내 방에 내려앉은 별빛을 그대로 옮겨놓은 것 같은 아름다운 풍경입니다.

이 그림의 또다른 힘은 구석에 작게 표현된 부부입니다.
무서운 것을 혼자 상대할 때와, 단 한 명이라도 곁에 있을 때의 느낌은 전혀 다릅니다. 작게 그려져 있지만 이 부부가 서로를 의지하고 있다는 것이 느껴집니다. 덕분에 이 밤 전체가 무섭거나 두렵지 않은 공간으로 변화했습니다.

고민이 많고 불면이 찾아올 때가 있습니다. 하지만 신이 인간에게 준 축복 중 하나가 바로 잠이라고 합니다. 숙면은 사람에게 여유를 주고 새로운 전기를 만들어갈 힘이 됩니다.

색채의 마술사인 고흐가 건네는 따뜻한 어둠에
불안과 근심을 내려놓으세요.
아를의 강가는 어느덧 편안한 꿈길의 배경이 되어줄 것입니다.

계획이 틀어져 자책하고 있다면

파니 브레이트 Fanny Ingeborg Matilda Brate
축하의 날 A Day of Celebration

이 그림을 보는 순간, 저는 파란 옷을 입은 소녀에 주목했습니다. 소녀
는 원탁 모양에 맞춰 나뭇잎을 가지런히 놓아두고 있습니다. 표정은 아
주 진지하고 심각한데, 나뭇잎이 아래로 떨어질까, 나란히 맞춘 줄이
흐트러질까 매우 조심스러워 보입니다. 옆에서 누군가 과자를 들고 들
어오는 것으로 보아 아마 중요한 손님이 오는 모양입니다.

파니 브레이트 | 1902 | 캔버스에 유채 | 88×110cm | 스톡홀름 국립미술관

계획을 짜도 항상 그대로 실행할 수 있는 것은 아닙니다. 하지만 계획대로 하지 못했을 때, 특히 시험을 준비하는 중이거나 큰 프로젝트를 준비 중이라면, 자책감이 드는 것도 사실입니다.

이 그림은 그런 사람들에게 필요한 그림입니다.

나뭇잎을 탁자 둘레에 늘어놓는 건 그리 대단치 않은 일입니다. 하지만 아이는 이토록 진지하게 정성을 기울이고 있고, 그걸 보는 우리는 흐뭇한 웃음이 납니다. 별거 아닌 나뭇잎에 아이가 온 정성을 기울이듯, 우리도 차근차근 다시 놓는 마음이면 되지 않을까 하는 위로를 받습니다.

이 그림은 차분히 다시 시작할 모티브를 우리에게 선물합니다.
보통의 가정집 거실이라는 배경은 심리적 안정과 함께 마음을 편안하게 해줍니다. 전체적으로 파랗고 하얀 거실이라 청결한 느낌이 들고, 커튼과 식탁보에서 깨끗한 빨래 냄새가 날 것 같습니다. 공간이 주는 정감을 배경으로 한 아이의 작은 행동이 긍정적으로 다시 시작할 수 있는 심적 여유를 전달합니다.

오늘 다 못 하면 내일 또 하면 됩니다.
계획이 한 번 틀어져 '망쳤다'는 자책감에 더 이상 하기 싫을 때,
이 작은 소녀에게서 위안을 얻으시기 바랍니다.

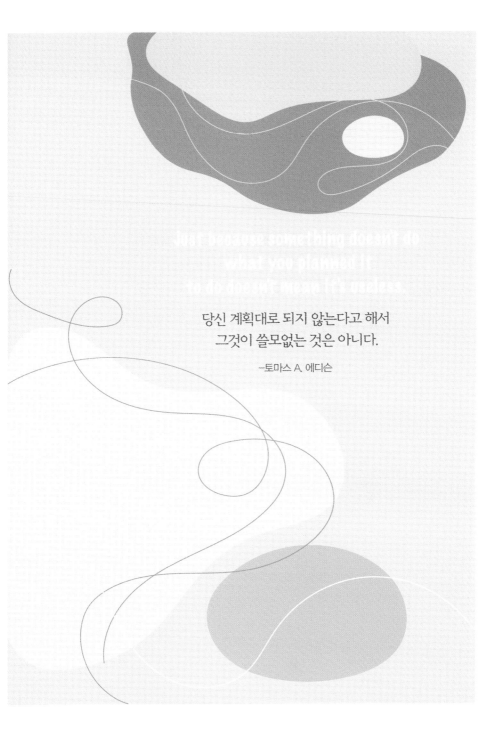

Just because something doesn't do
what you planned it
to do doesn't mean it's useless.

당신 계획대로 되지 않는다고 해서
그것이 쓸모없는 것은 아니다.

-토마스 A. 에디슨

"난 할 수 있다"는 자신감

존 스탠리 John Mix Stanley
남서부 초원의 버펄로 사냥 Buffalo Hunt on the Southwestern Prairies

거절과 불합격은 아무리 경험해도 익숙해지지 않는 일 같습니다. 대학
에 갈 때, 취업할 때, 하다못해 아르바이트 면접을 보더라도 떨어지면
속상합니다. '내가 어디가 잘못됐지?' '내가 그렇게 부족한가?' 하며
자존감이 낮아지기도 쉽습니다.

이런 상황인 분들에게 저는
용맹한 사냥 풍경을 담은 그림을 보라고 권합니다.
내가 정복하고 사냥할 대상을 보듯
내려다보는 시선이 도움이 되기 때문입니다.

사냥은 인간 욕망의 실현을 원초적으로 표현한 주제입니다. 인류 최초의 예술 작품이라고 할 수 있는 프랑스의 라스코Lascaux 벽화나 스페인의 알타미라Altamira 벽화의 주제도 사냥입니다. 이처럼 우리 인간이 태초부터 무언가 결실을 획득한 행동이 바로 사냥입니다. 때문에 사냥 그림을 보면 태생적인 우리 내면의 정복 욕구를 불러일으킬 수 있습니다.

이 작품의 묘미는 '파워'에 있습니다. 우람한 들소와 말들의 힘찬 질주, 용맹한 원주민의 역동적 움직임이 돋보입니다. 스미소니언 미술관의 소장품이니 그림 속 주인공은 아메리칸 원주민일 수도 있겠습니다. 주인공의 힘찬 모습에 동화되어 같은 힘을 받는 것이 이 작품의 힘입니다.

많은 상담자가 역동적이고 파워풀한 사냥이라는 주제를 좋아합니다. 자신감이나 자존감이 떨어진 상담자들이 특히 좋아하는데, 보기만 해도 힘이 솟는다고, 자신도 이렇게 해보고 싶다고 합니다.

가끔은 내 자신이 무척 작게 느껴질 때가 있습니다. 입시 문을 넘고, 취업 문을 넘다 보면, 게다가 많게는 수천 대 일의 경쟁을 뚫어야 하는 시험 준비라도 하는 중이라면 정말 내가 별거 아닌 것처럼 느껴지기도 합니다. 이 그림을 통해 잠시 떨어졌던 내 자존감을 한껏 끌어올리기 바랍니다.

이 그림은 강한 의욕을 불태우기에도 아주 좋습니다.
'들소라도 때려 잡을 기세'라면 세상 안 될 일이 없지 않을까요?

누구에게나 슬럼프는 있다

〈오늘도 피로한 당신, 번 아웃〉이라는, 번아웃 증후군Burnout Syndrom 을 다룬 흥미로운 다큐멘터리를 보았습니다. 번아웃 증후군은 한 가지 일에 완전히 몰두하다가 어느 순간 갑자기 무기력해지는 탈진 상태를 뜻합니다. 주로 올림픽이나 세계적인 대회를 끝낸 운동선수들에게 자주 나타나곤 합니다. 오로지 하나의 목표를 바라보고 전력질주를 해온 사람이라면 번아웃 증후군을 겪을 가능성이 큽니다. 번아웃 증후군이 오면 정신적으로 무기력증, 자기혐오 등 부정적인 생각들에 빠지기 쉽습니다. 보통 얘기하는 슬럼프 상태입니다.

슬럼프는 누구나 겪을 수 있지만, 비 온 뒤 더 단단해지는 땅이 되느냐 질척거리는 흙바닥이 되느냐는 어떻게 극복하느냐에 달려 있습니다.

슬럼프를 빨리, 그리고 건강하게 이겨낼 수 있는
그림을 한 점 골라보았습니다.
이 그림은 특히 후각을 자극하는 심상, 그중에서도
꽃의 여왕인 장미향의 심상을 전해줍니다.
너무 지칠 때, 다 때려치우고 싶을 정도로
갑자기 슬럼프에 빠졌을 때
이 그림이 나를 다시 일으켜 세워줄 것입니다.

장미향은 이집트의 여왕 클레오파트라도 좋아했다고 할 정도로 예로
부터 여성의 아름다움을 돋보이게 하는 향으로 이름이 높습니다. 피곤
한 심신을 달랠 때 쓰는 꽃 역시 장미입니다. 입욕제로 장미가 많이 쓰
이는 이유입니다.
그런 장미에 흠뻑 취해 있는 여성이 이 그림의 주인공입니다. 소녀보다
는 여인이라는 호칭이 더 적합할 것 같습니다. 머리를 느슨하게 묶고
느슨한 가운을 걸쳤습니다. 느지막이 일어나 정원을 산책하다가 무심
코 장미향에 빠져 있는 것처럼 보입니다.

존 워터하우스 | 1908 | 캔버스에 유채 | 91×61cm | 개인소장

이 그림에서 우리는 진한 장미향을 맡을 수 있습니다. 그림에서 후각적 효과를 누리는 것이지요. 꽃에 직접 얼굴을 맞대고 적극적으로 향을 맡는 모습이 그 효과를 더해줍니다. 꽃병에 꽂아둔 장미가 아니라 살아 있는 덩굴장미라는 사실도 생생한 후각 효과를 돋보이게 만듭니다. 다행히 장미의 색깔도 빨강이 아닌 분홍입니다. 빨간 장미는 휴식보다 가시 돋친 날카로운 에너지를 주는데, 행복을 상징하는 분홍이라 불안감을 잠재우는 그림으로 아주 적합합니다. 아마 이 여성은 이렇게 장미향을 맡은 후 한가로이 홍차 한잔을 마실 것만 같습니다.

절실하게 휴식이 필요할 때는 물론 쉬어야 합니다. 쉴 때 쉬더라도 이 그림을 기억하고 감상해보기 바랍니다. 자연스러운 휴식, 장미향이라는 후각을 통한 진정한 '쉼'을 느낄 수 있습니다.

고삐를 바싹 조이고!

월터 크레인 Walter Crane
포세이돈의 말들 The Horses of Neptune

우리가 주로 보는 바다 그림은 잔잔한 수평선이 보이는 너른 풍경입니다. 반면 월터 크레인의 이 작품은 무섭게 굽이치는 파도를 표현함으로써 우리에게 웅장하고 거대한 응원의 메시지를 전합니다.

포세이돈이 아주 힘차게 백마들을 이끌고 달려오며 조금만 더 힘내라고, 잘하고 있다고 격려하는 것 같습니다.

월터 크레인 | 1893 | 캔버스에 유채 | 86×216cm | 뮌헨 노이에 피나코텍

상담을 하다보면 신체적 정신적 에너지가 부족한 사람들이 말 그림을 좋아합니다. 본인이 움직이는 걸 안 좋아해서인지 역동적으로 달리는 말 그림을 유독 좋아하는 것 같습니다. 우리도 에너지가 고갈되었을 때, 조금 더 바짝 고삐를 조이고 싶을 때 이 그림을 보면 힘을 얻을 수 있습니다.

일이나 공부를 하다 보면, 지난한 준비 과정을 견디느라 막상 결실의 순간에 힘이 훅 빠지는 일이 많습니다. 다행히 이 그림이 여러분의 힘을 지탱해줄 것입니다. 포세이돈이 채찍질하는 말들이 여러분을 뒤에서 힘껏 밀어주고 있으니까요.

역동적인 말들이 모두 흰색이라는 점과 전체적으로 이 그림이 주는 하얗고 깨끗한 느낌도 긍정적인 효과가 있습니다. 보통 동화 속 왕자님을 '백마 탄 왕자님'이라고 하는 것처럼, 흰색은 신성하고 고귀한 느낌을 주기 때문입니다. 검은 말이나 갈색 말이었다면 저는 이 그림을 고르지 않았을 것입니다.

마지막 순간, 고삐를 바짝 조이고
한 번 더 탁 치고 나가는 힘이 필요하다면
포세이돈의 기를 흠뻑 받을 수 있는 이 그림을 자주 감상하세요.
젖 먹던 힘까지 짜낼 수 있도록
단단히 나를 응원해줄 그림입니다.

잡생각을 없애는 각성 효과

조지 캐틀린 George Catlin
아이오와족의 추장 '흰 구름' White Cloud, Chief of the Iowa

때로는 너무 바쁜데 아무 쓸모없는 잡생각만 계속 들 때도 있습니다.
성공하는 사람들은 대부분 자력으로 독하게 잡생각을 끊어낸다고 하
는데, 보통의 사람에게는 쉽지 않습니다.

그래서 저는 붉은 얼굴을 한 추장의 그림 한 점을 떠올렸습니다. 이 그
림이라면 혼자 힘으로 떨쳐내기 힘든 잡생각을 단칼에 잘라낼 수 있을
것 같습니다.

조지 캐틀린 | 1845 | 캔버스에 유채 | 71×58cm | 워싱턴 내셔널 갤러리

붉은 얼굴과 할퀸 듯 보이는 강렬한 뺨의 문양이 우리의 이목을 아주 강하게 사로잡습니다. 표정도 매우 권위 있습니다. 추장의 권위는 상당합니다. 머리의 깃털 장식과 동물 이빨 목걸이가 권위 있는 모습에 힘을 실어줍니다. 이런 인물이 나를 바라보고 있다면, 과연 잡생각을 할 수 있을까요?

누군가 나를 지켜보고 있다는 사실은 강한 각성 효과를 줍니다. 2014년 12월, 서울시가 교통사고를 방지하고자 횡단보도 100곳에 눈동자를 그려 넣은 것도 비슷한 이치입니다. 양쪽에서 차가 오는지 다시 한 번 확인하라는 의미로 'LOOK'이라는 단어와 중간에 있는 두 개의 'O'에 눈동자를 그려 넣었습니다. 외국에서는 이미 오래전부터 도난 방지를 위해 도서관이나 공공시설물에 눈동자 이미지를 부착해왔는데 효과가 좋다고 합니다.

권위 있는 사람이 나를 바라보는 순간,
머릿속에 든 잡생각을 들킨 기분이 들어
정신을 바짝 차리게 됩니다.
이 그림은 강렬한 얼굴만큼 잔상이 오래 남기 때문에
흐트러진 정신을 바로잡을 때 아주 유용할 것 같습니다.

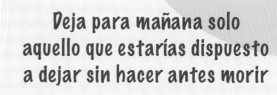

Deja para mañana solo aquello que estarías dispuesto a dejar sin hacer antes morir

안 하고 죽어도 좋은 일만 내일로 미뤄라.

—파블로 피카소

패닉에 현명하게 대처하는 법

오거스터스 에드윈 멀레디 Augustus Edwin Mulready
런던브리지에서의 쉼 A Recess on a London Bridge

저에게 고등학생이 한 명 찾아온 적이 있습니다. 자기는 문제를 풀 때 시간이 촉박해지면 그 순간부터 머리가 하얘지면서 문제가 무슨 말인지 하나도 안 보이고, 그래서 남은 시간조차 제대로 활용을 못해 아예 문제를 날리는 경우가 많다고 했습니다. 이런 '멘붕'(멘탈 붕괴의 줄임말로, 당혹스러운 상황 등에서의 정신 붕괴를 가리키는 은어) 상황을 어떻게 극복해야 하는지 모르겠다는 고민이었습니다.

성인들 역시 다양한 압박 상황에서 마음의 갈피를 못 잡고 무너질 때가 많습니다. 긴장, 불안 등의 심리상태로 자율신경이 불안정해지면 장에 자극이 가거나 두통이 오는 등, 신체에도 이상이 생깁니다.

노스캐롤라이나 불안장애 치료센터 소장인 리드 윌슨Reid Wilson 박사는 "패닉 상태에 빠지는 것은 마음의 길을 잃는 것과 같다. 자기 마음을 먼저 추슬러야 숲에서 빠져나가는 길을 찾을 수 있다."라고 말했습니다. 그리고 패닉에 빠지면 일단 모든 움직임을 멈춘 후, 깊은 심호흡을 하도록 조언합니다.

이 그림은 우리에게 필요한 '잠깐 멈춤'의 순간을 제공합니다.

어떤 일에 굉장히 매진했던 것 같은 아이가
모든 걸 놓고 탁 풀어져서 자고 있습니다.
이 그림을 보면 우리도 마찬가지로
긴장이나 압박감을 놓게 됩니다.

오거스터스 에드윈 멀레디 | 1879 | 캔버스에 유채 | 43.6×53.5cm | 라잉 미술관

아이는 좁은 모퉁이에서 쉬고 있지만 절대 불편해 보이는 자리는 아닙니다. 다들 어릴 때 장롱이나 서랍장, 침대와 벽 사이 공간 등에 들어가본 적이 있을 겁니다. 이는 엄마 뱃속에 있을 때와 비슷한 느낌을 주는 공간이라 그렇다는 말도 있지만, 사방으로 몸을 기댈 수 있고 남의 시야에서 벗어날 수 있는 구석 자리가 편안한 안전감을 주기 때문이라고도 합니다. 지금도 마찬가지입니다. 지하철에서는 끝자리가 항상 먼저차고, 카페에서 가장 구석지고 아늑한 자리에는 항상 누군가가 먼저 앉아 있습니다. 어느 심리학자는 이런 구석 자리를 좋아하는 습성이 타인으로부터 자신만의 세계와 영역을 지키고 싶어 하는 본능에서 비롯한다고도 말합니다.

패닉이 올 때는 아무것도 생각하지 말고
잠시 이 그림에서 쉬어가세요.

본능적인 편안함을 제공하는 이 구석 자리에 기대어, 별이 총총한 하늘이 지켜주는 공간에서 호흡을 가다듬다 보면 다시 마음의 길을 찾아 나갈 수 있을 것입니다.

나 혼자는 아닙니다

앙리 루소 Henri Julien Felix Rousseau
잠든 집시 The Sleeping Gipsy

누구에게나 남이 대신해 줄 수 없는 혼자만의 싸움이 있습니다. 가장
외롭고 괴로운 순간입니다. 홀로 건너는 밤의 외로움과 고독의 시간에,
앙리 루소의 〈잠든 집시〉가 동행해 줄 것입니다.

앙리 루소 | 1897 | 캔버스에 유채 | 129.5×200.7cm | 뉴욕 현대미술관

그림 속 집시는 위험한 사막에서 깊이 잠들었습니다. 곁에는 만돌린(음악)도 있고 물병(먹을 음식)도 있습니다. 악기는 낡지 않았고, 옷도 결코 누추해 보이지 않습니다. 화려하지만 포근해 보이는 차림입니다. 보통이라면 사자는 위협의 대상이지만, 이 그림의 사자는 집시를 잡아먹으려고 오는 것 같지 않습니다. 오히려 곁을 지키는 존재로서 깊이 잠든 이 사람을 보호하고자 형형한 눈빛으로 주변을 살피고 있습니다. 환하게 뜬 달이 너무 어둡지 않게 밤을 밝혀주고 있습니다. 전체적으로 일정한 톤의 색감이 마음을 자극적이지 않게 안정시킵니다.

더 나은 미래를 위해 혼자 밤을 마주하고 있는 상황은
마치 텐트도, 바람막이도 없는 그림 속 사막과 같을 것입니다.
하지만 이 그림은 그런 때에도
내 곁을 지키는 존재들을 일깨워 줍니다.
동물의 왕 사자가 주변의 위험과 두려움에서 나를 지켜줍니다.
앞이 보이지 않아 무서울 땐 밝게 뜬 달이 나를 비춰줍니다.

사실 혼자만의 싸움이라도 나 혼자는 아닙니다.

경쟁자도, 다른 사람들도 이 시간을 견뎌내고 있습니다. 부모님, 친구, 동료, 사랑하는 사람들, 기르는 강아지, 멀리 사시는 할머니 할아버지, 모두 눈에 보이지 않아도 나와 연결되어 있습니다. 내게 마른 목을 적셔주는 물이 되는 건 누구고, 즐거운 음악이 되어주는 건 누구고, 다소 무섭지만 힘이 세서 든든한 사람은 누구인가요?

그림을 보며 내 주변의 존재들을 하나하나 떠올리다 보면, 이 밤도 조금은 덜 외로울 것입니다.

우울함을 이기는 마음의 위안

존 커리 John Steuart Curry
아약스 Ajax

덩치 큰 어수룩한 소의 등 위에 작은 새 두 마리가 앉아 있습니다. 새들이 와서 앉을 정도로 이 소는 얌전한 것 같습니다. 얼굴이 딱 그렇게 생겼습니다. 착하고 귀여운데 심지어 뿔도 아래로 처져 있습니다.

이 그림은 강박이나 우울함에 시달리는 상담자들이 자주 고릅니다. 그림을 고르고 피식 웃는데, 둔하지만 한없이 착해 보이는 이 소 때문입니다. 든든하게 우리를 지켜줄 것 같은 소가 우울한 마음을 위로해주고 있습니다.

존 커리 | 1936~37 | 캔버스에 유채 | 92×122.5cm | 스미소니언 미술관

큰 변화나 사건이 없는 사람이라도, 예기치 못한 사건과 급격한 우울함은 불청객처럼 찾아오고는 합니다.

그래서 이 그림은 꼭 필요합니다.
사고를 당했거나 가족, 친구에게 안 좋은 일이 생겼을 때, 연인과 헤어졌을 때 등 불안정한 상황이거나 우울감이 느껴질 때, 내가 기댈 수 있고 기분을 나아지게 하는 이 착해 보이는 소는 마음에 커다란 힘을 줍니다. 마치 든든한 친구와 같습니다.

이 그림은 독특하게 노인들도 많이 좋아합니다. 한없이 마음 좋은 큰아들 같다거나, 덜떨어진 우리 아이 보는 것 같다며 애정 어린 시선을 소에게 보내곤 합니다. 조금 모자라고 조금 바보같이 보여도, 그런 사람에게는 주위를 편안하게 만드는 힘이 있습니다. 이 그림의 소가 바로 그런 힘을 우리에게 전달합니다.

그냥 아무 때고 기분이 좋아지고 싶은
독자에게 딱 맞는 그림입니다.
이 그림을 감상하는 동안에는 조건 없이
그냥 기분이 좋아지는 경험을 하게 될 것입니다.

한가롭게 즐기는 그 순간을 위해

필립 윌슨 스티어 Philip Wilson Steer
해변의 젊은 여인 Young Woman at the Beach

'하고 싶은 일'을 위한 과정은 '해야 하는 일'의 연속입니다.
이 '해야 하는 일'에서 너무 스트레스를 받으면 거꾸로 하지 말아야 할
것에 대한 욕구가 생기는데, 우리는 이것을 일탈이라고 부릅니다.

꼭 범죄적 행위만 일탈은 아닙니다. 일상에도 여러 형태의 일탈이 있습
니다. 버스를 타고 종점까지 가본다든가, 내릴 곳을 지나쳐 지하철을 타
고 한 바퀴를 돈다든가, 갑자기 머리 색을 밝게 바꾸는 일처럼 평소에
엄두를 내지 못했던, 틀에서 벗어나는 일들을 해보는 것이 바로 일탈입
니다. 혼자 훌쩍 떠나는 여행도 나에게 선물하는 일탈의 하나입니다.

필립 윌슨 스티어 | 1888 | 캔버스에 유채 | 125.5×91.5cm | 오르세 미술관

이 그림은 여러분에게 세상에서 가장 멋진 일탈을 선물할 것입니다. 회색 사무실에 있든, 비좁은 도서관에 있든, 이 그림은 햇살이 비치는 대낮, 빛을 받아 반짝이며 일렁이는 바다, 그리고 여인의 망중한으로 나를 데려갑니다. 머리카락과 치마에 보이는 문지른 듯한 효과가 그림 안에서 부는 바람을 느끼게 해줍니다.

무엇보다 일탈이라고 찢어지고 해진 옷을 아무렇게나 껴입은 것이 아니라, 자신의 상황에서 가능한 최대한의 정장을 갖춘 것이 보는 이에게 정갈한 기쁨을 줍니다.

우리는 어쩌면 이런 '멋진 일탈'을 꿈꾸는지도 모릅니다.
일상에 충실하지도 않았으면서
떠나고 싶다고 떠나는 것을 도망,
하고 싶은 대로만 하는 것을 방종이라고 부릅니다.
만족감을 주는 멋진 일탈은 일상생활에
최선을 다한 사람만의 것입니다.

가장 외로운 순간을 위한 그림

김창열

회귀

가장 외롭고 힘들 때는 언제일까요?

아무도 나를 이해하지 못한다는 생각이 들 때 같습니다. 사람들은 좀처럼 내가 얼마나 노력하는지, 내가 뭐에 힘들어하는지에 관심이 없습니다. 설령 들어준다고 해도 습관적으로 고개를 끄덕이는 걸 보면 정말 외롭습니다. 이런 우울함과 외로움은 누구에게 정확히 설명하기도 난감합니다. 마치 쩔쩔매며 달래려는 부모를 앞에 두고, 설명할 수 없는 감정에 악을 쓰며 떼쓰는 아이가 된 기분일 때도 있습니다.

그런 가장 외로운 순간을 위한 그림입니다.

우선 이 그림을 가만히 들여다보세요.

어떤 생각이 떠오르시나요?

김창열 | 2014 | 마포에 아크릴, 유채 | 195×95cm | 제주도립 김창열 미술관

저에게 김창열 화백이 타계하기 전, 마지막 말을 담을 기회가 있었습니다. '물방울 화가'로 유명한 김창열 화백이 처음 '물방울'이라는 모티프를 만난 것은, 경제적·정신적으로 몹시 피폐한 상태로, 프랑스 파리 근교의 한 낡은 마구간에 머물며 작업할 때였습니다. 어느 날 캔버스에 물이 튀었는데, 캔버스 뒷면에 뿌려진 크고 작은 물방울들이 햇빛을 받으니 찬란하게 빛났다고 합니다.

이 그림은 2020년 3월, 〈모든 것을 기억하는 물〉이라는 전시에 출품됐었습니다. 전시 제목 그대로, 그림자 같은 자욱을 남긴 하나의 물방울은 모든 것을 기억하는 것 같습니다. 혼자 고민하고, 혼자 치열하고, 혼자 괴로웠던 시간들을 '나도 그렇다, 나도 안다'고 말하는 것 같기도 합니다.

내가 쌓아온 견고한 시간들이
저 얼룩 안에 모두 담긴 듯합니다.
물방울 하나와 흐른 자국이 전부인 그림이지만,
보고만 있어도 위로받는 느낌입니다.

우연히 캔버스에 튀었던 물방울이 거장의 평생에 걸친 모티프가 되어준 것처럼, 그림에 그려진 한 방울은 지금 가장 지치고 힘든 나를 잡아줄 힘이 되어 줄 것입니다.

WE ARE WHAT WE REPEATEDLY DO.
EXCELLENCE, THEN,
IS NOT AN ACT, BUT A HABIT.

우리가 반복하는 것이 곧 우리 자신이다.
그렇다면 탁월함은 행동이 아니라 습관이다.

-아리스토텔레스

보이지 않는 길을 걷다

모리스 위트릴로 Maurice Utrillo
포와시 거리 Main Street, Poissy

"혹시 옛날에 이렇게 했으면 지금 좀 달라졌을까?"
과거에 대한 아쉬움은 자꾸 뒤를 돌아보게 합니다. 지나간 일을 생각하며 이랬으면, 저랬으면 하는 후회가 자꾸 생기기도 합니다.

모리스 위트릴로 | 1939 | 캔버스에 유채 | 47x55cm | 로젠가르트 컬렉션 미술관

위트릴로의 〈포와시 거리〉는 생각의 전환을 통해 앞으로 향하는 여러분의 발걸음을 가볍게 만들어 줄 그림입니다. 그림에는 캔버스 밖에서부터 계속된 길이 골목까지 이어져 있습니다. 이제 저 끝에 보이는 골목을 돌면 어떨지 상상해보세요.

길을 걷는 사람의 등 뒤로 펼쳐진 길은 조금 아쉬운 과거일 수도, 해야 할 일에 충실하지 못했던 시간일 수도 있습니다. 확실한 것은 그 앞의 골목은 우리에게 보이지 않는다는 것입니다. 그리고 우리에게는 보이지 않는 것을 상상할 자유가 있습니다.

저 골목을 돌면 눈을 치워놓은, 다른 색의 길이 보일 수도 있습니다. 사람들이 잔뜩 몰려 있어서 시끄러울 수도 있고, 커다란 개가 튀어나올 수도 있습니다. 혹은 걸어가는 사이에 햇빛이 쨍쨍해지거나 눈이 올지도 모릅니다. 심지어는 길이 끊겨 있을 수도 있지요.

상황은 무궁무진하게 변합니다. 가능성도 끝이 없습니다. 그런데도 아직 보이지 않는 길 역시 걸어온 길과 마찬가지라고 생각하며 우리는 계속 과거를 뒤돌아보고 미련을 떨치지 못합니다.

그러므로 사고의 전환이 중요합니다.
뒤를 돌아보고 걸어온 발자국이 예쁜지 똑바른지 확인하는 대신,
저 모퉁이를 돌면 어떤 세계가
펼쳐져 있을까 설레는 게 더 좋습니다.
위트릴로의 그림 속 길은 걸어 나가며 나를 붙잡는 미련을
하나하나 떨쳐내고 새로운 다짐을 할 수 있는 구도를 보여줍니다.

저는 틀림없이 여러분이 바라던 결과가 기다리고 있을 거라 확신합니다. 걸어온 길은 눈이 내리고 비가 오는 힘든 과정이었을지라도, 앞에는 언제나 새로운 길이 있을 것입니다.

| 참고문헌 |

박현일 · 최재영, 『색채학 사전』, 국제, 2006.

박현일, 『족집게 컬러리스트』, 교우사, 2008.

안동수, 『내 인생을 바꾼 여행』, 북스, 2006.

양귀자, 『삶의 묘약』, 샘터사, 1996.

양현 · 조준희, 『서울대생 100인의 시크릿 다이어리』, 알에이치코리아, 2015.

최인철, 『프레임』, 21세기북스, 2007

돈 갬벨 · 알렉스 도먼, 트리니티 영어연구회 옮김, 『음악으로 행복하라』, 페퍼민트, 2012.

에밀 쿠에, 김동기 · 김분 옮김, 『자기암시』, 화담, 2013.

프랭크 설로웨이, 정병선 옮김, 『타고난 반항아』, 사이언스북스, 2008.

KBS 스펀지2.0 제작팀 · 신민섭, 『스펀지 2.0 공부 잘 하는 법』, 주니어김영사, 2008.

D. Eckstein, J.A. Kaufman, The Role of Birth Order in Personality: An Enduring Intellectual Legacy of Alfred Adler, Journal of Individual Psychology, 2012.

H. Ebbinghaus, Memory: A contribution to experimental psychology, Annals of neurosciences, 2013.

「모차르트 음악 두뇌발달 돕는다」, 『매일경제』, 1997년 3월 15일자.

「보기만 해도 집중력이 향상되는 그림?」, 『TV리포트』, 2008년 1월 14일자.

「대가의 작품에 눈이 가는 이유는?」, 『부산일보』, 2009년 1월 29일자.

「학생들 시험 스트레스 줄이자」, 『한국일보』, 2010년 12월 13일자.

「색채 對 형태…서로를 디딤돌 삼아 '전위의 탑' 쌓다」, 『한국경제』, 2011년 10월 28일자.

「스마트폰 오래 보면 눈 건강 해친다」, 『뉴시스』, 2013년 8월 19일자.

「기업 절반 '스펙 중심 채용에서 벗어나도록 변화' 선언」, 『데일리안』, 2014년 2월 5일자.

「이상화 인생 스토리…7세 때 입문…지독한 연습벌레 '2연패' 새역사 쓰다」, 『국민일보』, 2014년 2월 12일자.

「피자 · 파스타 먹으며 면접, 이랜드 이색 채용설명회 화제」, 『데일리안』, 2014년 3월 25일자.

「페이스북을 쓸수록 늘어가는 질투심, 좋은 쪽으로 활용하자」,『월스트리트저널』, 2014년 4월 29일자.

「앉아 있는 시간 길수록 기억력 떨어진다」,『서울신문』, 2014년 5월 8일자.

「대입 수험생, 스트레스 물어보니 '성적' '친구' '가족' 순」,『유웨이중앙교육』, 2014년 6월 23일자.

「물컵 내려놓기」,『대전투데이』, 2014년 6월 23일자.

「식당 종업원 빨간색 옷 입어라, 팁 30% 더 받으니까」,『중앙SUNDAY』, 2014년 7월 22일자.

「사춘기 자녀는 '부모 잔소리'에 이성적 생각 멈춘다」,『서울신문』, 2014년 11월 30일자.

「인생에 한 번쯤 위험해도 괜찮아!」,『Men' Health』, 2015년 2월 1일자.

「'집에서 요리하는 시간'…한국인, 세계에서 꼴찌」,『헤럴드경제』, 2015년 4월 1일자.

「냄새를 보는 소녀, 공감각자가 정말 존재할까?」,『MBN』, 2015년 4월 2일자.

「"명문대 선배의 기를 받고 싶어" 수험생 사이서 중고 과잠 인기」,『조선일보』, 2015년 4월 2일자

「묻지마 지원 막아라… 이색 채용실험 '붐'」,『서울경제』, 2015년 4월 23일자.

「'세계 책의 날' 독서 6분 스트레스 -68% 감소」,『한국경제TV』, 2015년 4월 24일자.

「감각적인 은밀함을 '다락에서' 느끼다」,『아트인사이트』, 2015년 4월 27일자.

「"연금 줄어도 철밥통 될래"…그래도 공무원 꿈꾸는 청년들」,『헤럴드경제』, 2015년 5월 13일자.

최고의 나를 만드는 62장의 그림 습관

그림의 힘 II

개정판 1쇄 인쇄 2022년 9월 19일
개정판 1쇄 발행 2022년 10월 11일

지은이 김선현
펴낸이 최동혁

기획본부장 강훈
영업본부장 최후신
책임편집 한윤지
기획편집 강현지 오은지 조예원
디자인팀 유지혜 김진희
마케팅팀 김영훈 김유현 양우희 심우정 백현주
영상제작 김예진 박정호
물류제작 김두홍
재무회계 권은미
인사경영 조현희 양희조
디자인 co*kkiri
프린트디렉션 유화컴퍼니 u-hwacompany

펴낸곳 ㈜세계사컨텐츠그룹
주소 06071 서울시 강남구 도산대로 542 8,9층 (청담동, 542빌딩)
이메일 plan@segyesa.co.kr
홈페이지 www.segyesa.co.kr
출판등록 1988년 12월 7일 (제406-2004-003호)
인쇄 예림
제본 에스엠북

ⓒ김선현, 2022, Printed in Seoul, Korea.

ISBN 978-89-338-7197-3 03190